Böhlau

Frauenleben

in alter Zeit

Mütter und Töchter erzählen

Zusammengestellt von
Traude und Wolfgang Fath

Böhlau Verlag Wien · Köln · Weimar

Bibliografische Information Der Deutschen Bibliothek:
Die Deutsche Bibliothek verzeichnet diese Publikation in der Deutschen Nationalbibliografie;
detaillierte bibliografische Daten sind im Internet über http://dnb.ddb.de abrufbar.

ISBN 978-3-205-77605-5

© 2007 by Böhlau Verlag Ges.m.b.H. und Co.KG, Wien · Köln · Weimar
http://www.boehlau.at
http://www.boehlau.de

Druck: CPI Moravia Books

Inhalt

Anna Hartmann

Und den Enkeln soll's erzählt werden

Alles, was das Kind gesehen,
Was das Mädchen hat entzückt,
Was die junge Frau erstrebet,
Was das Mutterherz beglückt;
All die Blumen, die mir blühten,
Auf dem langen Lebenspfad,
All das Gute, Edle, Schöne,
Das mich einst begeistert hat,
All die Kämpfe, die gestritten,
All die Wünsche, die verfehlt,
All die Qualen, die gelitten,
All die Tränen – ungezählt,
All dies ruht schon längst geborgen
In des Herzens tiefstem Schrein,
Nur manchmal flammt's wie Wetterleuchten
In die Gegenwart herein.

Nun will ich's zutage fördern
Aus des Herzens sicherm Hort,
Und den Enkeln soll's erzählen,
Dieses Buch mit schlichtem Wort.
Und bin ich dann heimgegangen,
Schwebt mein Geist verklärt im Licht,
Dann weiht der Ahne, die Euch liebte,
Liebend ein Vergißmeinnicht.

Anna Hartmann, geb. Wareschitz (1827–1907)

Karoline („Lotte") Pirker

Karoline („Lotte") Pirker, 1877 in Marienbad geboren. Als Tochter einer wohlhabenden Juristenfamilie erhielt sie im letzten Jahr der Bürgerschule kurzzeitig Privatunterricht. Nach ihrer Heirat mit dem Offizier Friedrich Pirker (1902) führte sie die Hochzeitsreise in die USA. Damit begann eine lange Reihe von großen Reisen, welche sie als wirksames Mittel der Völkerverständigung betrachtete. Ihre Reiseerfahrungen verarbeitete sie in zahlreichen Gedichten und journalistischen Reiseberichten.

Das Leben war ein buntes Kaleidoskop

Ein Jahr später [1888] wurde Papa aus dem nordböhmischen Städtchen Marienbad nach dem Weltkurort Karlsbad versetzt. Das gab freilich einen gewaltigen Unterschied! Alles interessierte mich brennend: das bunte, internationale Völkergemisch, das Theater, das Varieté, das Badeleben, die reizvolle Umgebung, die Parkanlagen, die Schule, in der Französisch obligat war und Astronomie und Buchhaltung zu den Lehrfächern gehörten. Für die Bürgerschule hatte ich noch nicht das vorgeschriebene Alter, mußte also die fünfte Klasse repetieren.

Weil die Wohnungen in der eigentlichen Stadt unerschwinglich waren, suchten wir uns weiter draußen, gegen den Bahnhof zu, eine schön gelegene Sechszimmerwohnung, die wir im Sommer teilweise an Kurgäste vermieteten. Die Straße hieß Morgenzeile und grenzte an einen großen Park mit weiten Rasenflächen. Es wohnten hier meist kinderreiche jüdische Familien, und ich wurde als gleichberechtigte Spielgefährtin in einen Kreis von Buben aufgenommen. Nicht zu leugnen waren darunter Gassenbuben reinsten Wassers. Ein Kurstadtbetrieb, wo im Sommer jeder verfügbare Raum vermietet wird, bringt es mit sich, daß die Kinder der Straße überantwortet werden. Der weite Park und die nahen Birkenwälder boten ein ideales Spielgelände für uns. Durch Zähigkeit und körperliche Tätigkeit schwang ich mich in Kürze zur Anführerin der Bande auf, die sich durch ihre etwas lärmenden Spiele das Mißfallen der Anrainer zuzog. Nun frage ich jeden Sachverständigen: Kann ein siegender Indianerstamm ohne Siegesjubel vom Feindesland Besitz ergreifen? Nein! Aber, wie gesagt, die Anrainer, inklusive unserer Eltern, be-

9

antworteten die Frage mit ja. Diese gegensätzliche Anschauung bewog Papa und Mama, eine Erzieherin, noch dazu eine perfekte, für mich aus Wien kommen zu lassen. Die Ärmste hatte es nicht leicht, mich aus den Kameradschaftsbanden zu lösen und zum Klavier und der französischen Grammatik zu schleifen. Jeden Abend betete sie inbrünstig für mein Seelenheil, denn in ihren Augen war ich ein verworfenes, der Hölle verfallenes Geschöpf.

Eine grausame Diphtherieepidemie zwang uns, aus der verseuchten Morgenzeile in ein Notquartier der inneren Stadt zu flüchten. Das Haus, in dem wir Unterkunft fanden, gehörte einer jüdischen Familie namens Hirsch. Martha, die jüngste Tochter, wurde bald meine intimste Freundin, vor der ich kein Geheimnis hatte. Auch in der Schule freundete ich mich mit einigen Mädeln an: der Tochter des Wachsziehers Wondrich, der Lina Höfer, der Angela Wagner, einem frühreifen mutterlosen Geschöpf, von der wir unerhört interessante Dinge erfuhren, zu denen ich im Lexikon die Ergänzung zu finden wußte. Papa, mein bester Freund im Leben, ging von dem Grundsatze aus, daß verbotene Früchte am besten schmecken. Als er mich daher eines schönen Tages bei der Lektüre eines derartigen Artikels überraschte, gestattete er mir die unbeschränkte Benützung unserer Bibliothek. Von da an machte mir die Lektüre weit weniger Freude, und ich kehrte von Paul de Kock und Zola wieder zu den Märchen von Andersen und Grimm zurück. Auch das Rauchen ließ ich sein, als es etwas Erlaubtes war, und vergeudete mein Taschengeld zum Ankauf von Oblatenabschnitzeln, Bärenzucker und türkischem Honig statt der Zigaretten.

Zu jener Zeit machte mich mein Vater mit einem jungen Rechtsanwalt bekannt, der mir die Rolle des zukünftigen Bräutigams vorspielte und seinen Spaß an dem leicht errötenden zwölfjährigen Mädel hatte. Alle Freundinnen beneideten mich um den Verehrer, ebenso wie um den flotten Verwandten aus meiner Heimatstadt Marienbad, der mit mir auf dem Teiche Schlittschuh lief.

In der Bürgerschule wieder gab es zwei junge Lehrer, für die alle Klassengefährtinnen schwärmten; ein Teil für den schwarzen Mathematikprofessor Sola, der dem Hermann Sudermann ähnelte und dessen Mimik und Bewegungen er daher kopierte. Leider unterrichtete er Mathematik, die stets meine schwächste Seite war. Deshalb hielt ich mich im Widerspruch zu meinem Geschmack, der das Dämonische bevorzugte, an den bildhübschen blonden Naturgeschichtslehrer Oppel. Unsere Sympathie beruhte anscheinend auf

Gegenseitigkeit. Eine Naturgeschichtsstunde verlief meist folgendermaßen: Oppel erzählte uns lustige Ereignisse aus seiner Gymnasialzeit, und wenn die Glocke den Schluß der Stunde verkündete, gab er uns in größter Eile ein neues Kapitel für die kommende Stunde auf. Er konnte sich auf uns todsicher verlassen. Ich habe während meiner ganzen Schulzeit keine weibliche Lehrkraft gehabt, bin aber felsenfest überzeugt, daß wir bei ihnen bestimmt nicht so eifrig gelernt hätten wie bei den Lehrern. Sogar den dauernd betrunkenen Französischlehrer ließen wir nicht hängen, und der Direktor ahnte nichts von seiner Alkoholliebhaberei.

Ein Jahr vor meinen Mitschülerinnen verließ ich die Bürgerschule, da ich von meiner bestgehaßten frömmelnden Erzieherin Privatunterricht erhalten sollte. Länger als ein Jahr hielten wir es miteinander nicht aus, und sie zog es vor, mit ihrem fast zwei Meter langen Roderich eines Tages in Nacht und Nebel durchzubrennen. Der folgende Morgen war einer der schönsten meines Lebens. Hurra! Die waren wir los! Ich glaubte, meine Eltern freuten sich genauso wie ich und mein Bruder. Es wurde im hohen Familienrat beschlossen, daß ich gemeinsam mit Martha Hirsch die Fortbildungsschule besuchen sollte. Zwar hatte ich das vorgeschriebene Alter noch nicht erreicht, aber man sah durch die Finger und nahm mich auf.

Damals begann die Zeit meiner ersten Liebe. Eines Tages, als ich Papa im Amt abholen wollte, kam mir beim Haustor ein großer, schlanker junger Mann entgegen, der mir aus strahlenden Blauaugen flammende Blicke zuwarf. Die Blicke zündeten. Eine schlaflose Nacht folgte dem Erlebnis. Beim Schulgang am nächsten Tag wurde Martha Hirsch Mitwisserin des Geheimnisses, und auch sie erlag den feurigen Blicken. Stundenlang durchwanderten wir tagein, tagaus die langgezogene Stadt. Jeder Tag, an dem wir ihn nicht trafen, war für uns ein verlorener. Manchmal trug er Uniform, und wir nannten ihn „unseren General". Papa behauptete zwar, er wäre nur Reserveleutnant und Schreiber bei der Bezirkshauptmannschaft, für Martha und mich aber blieb er „unser General". Bald wußte ganz Karlsbad um unsere Liebe, denn der große Kurort ist im Winter nur eine schütter bewohnte Kleinstadt. Viel hatten wir unter dem Spott jener Menschen zu leiden, welche Kindergefühle nicht ernst nehmen. Uns aber war es bitterer Ernst. Wie viele schlaflose Nächte, wie viele Tränen kostete uns diese belächelte Liebe! Jahrelang konnte ich „unseren General" nicht vergessen, auch in Pilsen nicht, der nächsten Station von Papas juridischer Laufbahn.

Die erste Zeit konnte ich mich in Pilsen nicht recht eingewöhnen, und ich verbrachte die Ferien in Marienbad. Dort weilte der Schah von Persien zur Kur, und sein Außenminister fand Gefallen an mir und schenkte mir auf der Promenade Blumen. Das verdroß mich, und ich zog mich gänzlich von der Welt zurück und tollte mit den jüngeren Cousinen im Garten umher. In der Tanzstunde, die ich auf Mamas Wunsch in Pilsen besuchte, verhielt ich mich gegen die Tänzer, meist Realschüler der siebenten Klasse, sehr ablehnend. Auch das Tanzen machte mir keine Freude, und ich habe es nie richtig erlernt. Jedes der Mädchen in der Tanzschule fand bald einen Verehrer, der ihr die Schlittschuhe trug und anschnallte. Ich lehnte auch das ab und fühlte mich in der Rolle der unglücklich Verliebten beinahe wohl. Mit fünf Altersgenossinnen nahm ich an einem Literaturkurs teil. Die Fenster des Hauses, in dem dieser stattfand, gingen auf die Straße, in der genau vis-à-vis die Realschule stand. Anstatt für die nahe Matura zu lernen, hatten die Buben nur Augen für ihre Tanzpartnerinnen, und bald prangten die Fenster der siebenten Klasse im Schmucke undurchsichtiger Scheiben. Mir waren diese Backfischangelegenheiten sehr gleichgültig, aber auch die Liebeswerbung eines schwerreichen jüdischen Lederfabrikanten, der bei Papa um meine Hand anhielt, lehnte ich glatt ab, ebenso die Hofmacherei meines Reitlehrers und des Geschäftsmannes R. Niemals im Leben würde ich heiraten!

Das hinderte mich aber nicht, für Schauspieler und Zirkuskünstler zu schwärmen. Die Salondame und Direktorin des Deutschen Theaters bekam an jedem ihrer Ehrentage einen Blumenstrauß, ebenso der Wiener Sänger Pfann. Papa unterstützte meine Theaterleidenschaft und abonnierte mir einen Sitz in der vordersten Reihe. Die erste Zeit mußte ich mich, auf Mamas Wunsch, durch das Stubenmädchen abholen lassen, bald aber setzte ich es durch, allein nach Hause gehen zu dürfen, was einiges Aufsehen in der spießbürgerlichen Gesellschaft erregte.

Wieder einmal kamen die Ferien, welche ich diesmal in Görz bei der Schwester meines Papas verbringen durfte. Das erste Mal sollte ich allein eine wirklich große Reise machen. Die Gelegenheit mußte natürlich benützt werden, um so viel als möglich von der Welt zu sehen. So unterbrach ich meine Fahrt erstens einmal in Graz, da dort ein afrikanisches Dorf mit richtigen Negern, Elefanten und Kamelen zu sehen war, wie ich aus einer Zeitung erfuhr. Das Dorf war zwar noch nicht fertig aufgebaut und alles erst im Entstehen, aber ich durfte auf Elefanten und Kamelen reiten und mit der Häuptlingsfrau Kaffee trinken und Kuchen essen. Niemand kann sich das Hochgefühl vorstellen, das mich beseelte.

Es wurde ein schöner Sommer. Gemeinsam mit meinem Jugendfreund und Cousin, dem heutigen Professor der Hamburger Universität, Dr. Rudolf Laun, machte ich viele Touren, die uns nach Triest und Venedig führten und meine Augen öffneten für die unvergleichliche Schönheit der südlichen Landschaft. Auch mit dem Sternenhimmel machte ich genauere Bekanntschaft und durfte mich freuen auf das kommende Schuljahr, das Rudi Laun bei uns in Pilsen verbringen sollte, um dort seine Gymnasialstudien zu beginnen. Tante führte mich in die Görzer Gesellschaft ein, aber ich zog es vor, mit Rudi herumzustreifen oder radzufahren.

In Pilsen hatten wir während meiner Abwesenheit eine große Wohnung in der Stadt bezogen, und das Leben nahm seinen Fortgang. Ich lernte nähen, Klavier und Schach spielen, trieb Sport, sammelte Marken und malte. Mit Rudi Laun trieben wir tolle Sachen. Nachts schlichen wir ins Freie, um astronomische Studien zu machen. Auf einer Entdeckungsreise übersahen wir einen heranbrausenden Lastzug. Der Zugführer konnte zwar im letzten Moment abbremsen, aber die Kohlenstücke, die er uns nachschmiß, und die Flüche waren nicht ohne. In sausender Eile flohen wir durch Schnee und Eis, und – patsch – lag ich im Wasser, und meine Kleider klirrten wie Glas. In der Nähstunde, die der Expedition folgte, saß ich bald inmitten eines Teiches und geriet außerdem in einen schwarzen Verdacht. Als die Lehrerin die Wahrheit erfuhr, schickte sie mich heim, und ich hatte Mühe, vor Mamas scharfen Blicken die Resultate zu verbergen. Die kleine Mama hatte es nicht leicht mit ihrer temperamentvollen Tochter. Einmal sollten wir einen Ausflug per Wagen machen. „Zieh dein neues rosa Kleid an!" sagte die Mama. Doch ich haßte neue Kleider, weil man darauf achtgeben mußte. „Gut, dann bleibst du eben zu Hause", grollte Mama. „Bitte, ich bleibe zu Hause – ist mir sowieso lieber!" Kaum hatten meine Eltern und die Buben das Haus verlassen, sauste ich, natürlich ohne rosa Kleid, auf einem Fußweg zu dem zwei Stunden entfernten Ausflugsort, und noch bevor der Wagen dort eintraf, saß ich bereits bei einer üppigen Jause. Tableau! Papa sagte nur: „Echt Lotte." Ich aber beschloß, meine Kinder anders zu erziehen.

Im Herbst sollte mein heißester Wunsch erfüllt werden. Ich durfte auf die Malakademie nach München, um, wie meine Vorfahren, diese Kunst fachgemäß zu erlernen. Aber sei es, daß mein Talent nicht ausreichte, daß das

Künstlerleben mich ablenkte – aus mir wurde keine Malerin. Ich konnte zuwenig, um es beruflich, zuviel, um es dilettantenhaft auszuüben. Doch zwei wundervolle Jahre verbrachte ich in München. Allmählich vernarbte meine Herzenswunde, und ich gab mich restlos dem Zauber dieses leichtlebigen Künstlerdaseins hin, das oft hart bis an die Grenze des Erlaubten führte. Aber Papa hatte mir beim Abschied die Hand gedrückt und gesagt: „Ich weiß, daß meine Lotte die Grenze des Erlaubten nie überschreiten wird!" Und dieser Glaube an mich machte mich standhaft gegen jede Verlockung. Ich will zugeben, daß es oft nicht ganz leicht war. In einem Kreis von Mädchen und Frauen, alle älter als ich, meist frei von jeder Bindung und jedem Vorurteil, sah ich das Leben, wie es wirklich war, mit all seinen Klippen und Gefahren. Ich freundete mich mit einigen talentierten, geistreichen Künstlerinnen an, die aus aller Herren Länder nach München kamen, wurde heimisch in der russischen Kolonie, in den Kreisen sozialer Vorkämpferinnen der Frauenbewegung, und wir lebten toll, kindisch-heiter, die Nacht zum Tage machend und das Leben freudvoll genießend.

Hie und da brachte allerdings Lisbeth Grube, genannt „das Nopperl", eine Dissonanz in den harmonischen Alltag. Sie verliebte sich in mich, bettelte um meine Gegenliebe und verbrachte halbe Nächte vor meiner Haustür. Da ich in einer großen Künstlerpension wohnte, war mir das peinlich. Außerdem hatte ich für derart verirrte Gefühle nichts, aber schon gar nichts übrig. Da trank das verrückte Mädel eines Nachts eine volle Literflasche Rum aus, und meine Pensionsmutter fand sie, wie tot im Garten liegend, auf. Der herbeigerufene Arzt stellte eine schwere Alkoholvergiftung fest und ließ sie ins Spital abtransportieren. Das war das Ende ihrer Leidenschaft, und es entwickelte sich zwischen uns ein ganz nettes Freundschaftverhältnis. Sie kam sogar auf einige Ferienwochen mit mir in meine Heimat.

Von Künstlerinnen, die mir noch nahestanden, möchte ich die talentierte Olly Schneider aus Leitmeritz, die Dresdnerin Alice Osbom, die Konstanzerin Ritzi, die bildschöne Brenner und die reichlich überspannte Mestadt aus Wien nennen. Professor Fehr leitete tagsüber unsere Arbeit, Professor Schmidt das Aktzeichnen am Abend. Einen ganz großen Eindruck machte auf mich Rosa Luxemburg, die damals schon viel von sich reden machte und öfter in unser Atelier kam. Sie sprach auch einmal bei uns über die Gleichberechtigung der Frau. Noch sehe ich den schön geschmückten Saal vor mir und den Demonstrationszug, den wir veranstalteten für das Recht

der Frau, ebenso wie der Mann in öffentlichen Lokalen rauchen zu dürfen. Jede von uns hatte einen, auf Bestellung gearbeiteten, riesigen schwarzbraunen Glimmstengel im Mund, dem wir mit wahrer Todesverachtung dichte Rauchwolken entlockten. Das war das erste Opfer, das ich für die Verwirklichung großer Ideen brachte.

Schön gestalteten wir unsere Atelierfeste. Bücher ließen sich füllen, um all die tollen Streiche festzuhalten, die wir aushecken. Eine wollte die andere an originellen Einfällen übertreffen. Am Beginn eines jeden Monats, wenn die heimatlichen Gelder einlangten, schlugen wir über die Stränge, tranken Bowle und Sekt, veranstalteten Atelierfeste und Ausflüge und drehten am Zehnten die Taschen um, ob nicht noch einige vergessene Markstücke zum Vorschein kommen würden. In solch einem Zustand absoluter Pleite unternahmen wir eine große Fußtour nach Innsbruck. In den entlegenen Gebirgsdörfern sangen und rezitierten wir, zeichneten Porträts der Älpler, halfen bei der Arbeit, waren aber froh, als wir wieder Münchner Pflaster unter den Füßen hatten. Auch die Faschingsfeste bildeten eine Einnahmsquelle für uns. In naturalistisch echten Kostümen sangen wir schaurige Moritaten, deren Texte an bluttriefenden Ereignissen nicht zu überbieten waren. Mir, als der Jüngsten, fiel die Rolle der koketten, mit falschem Schmuck behängten Tochter zu, die das Inkasso der Gelder zu besorgen hatte. Und … die Geschäfte hoben sich von Ball zu Ball. Nie tranken wir etwas anderes als Rheinwein alter, besonders gut geratener Jahrgänge oder französischen Champagner. Allmählich wurde man auf meine schauspielerischen Talente aufmerksam, und ich erhielt eine Einladung, im Gärtnertheater vorzusprechen. Die angebotene Gage war mir jedoch zu gering, und ich lehnte das Engagementangebot ab. Doch beschäftigte ich mich von da ab mit Rollenstudium und Rezitation.

Nach fast zweijähriger Abwesenheit kehrte ich, reich an Erfahrungen, wieder in den Kreis der Familie zurück, der mir nach dem herrlichen freien Künstlerleben kleinstädtisch und philisterhaft vorkam. Weder mit Mama noch mit meinem Bruder, dem Gymnasiasten, fand ich richtige Fühlung, und ich war auf dem besten Wege, ein weiblicher Sonderling zu werden. Da griff Papas Schwester, Tante Elise Laun, die als Regimentskommandeuse von Görz nach Pilsen transferiert worden war, mit energischer Hand in mein Leben ein. Eigentlich war Onkel Regimentskommandant, aber das wurde von dem Offizierskorps des Artillerieregiments energisch bestritten. Diese temperamentvolle Frau, die so schön singen und Klavier spielen konnte, nahm mich unter ihre Fittiche und zwang mir ihren Willen auf, was bisher noch keinem Menschen gelungen war. Ein Wirbel gesellschaftlicher Veranstaltungen war die Folge. Außerdem machten wir Radtouren, fuhren zu Tennisturnieren, ich legte die Schwimmeisterprüfung ab, wir ritten, fuhren Kahn, spielten Theater, lasen mit verteilten Rollen Klassiker und besuchten Theater und Bälle. Da die Pilsner Garnison sehr groß war, kamen auf jedes Mädel zehn Herren, und wir hatten Verehrer in Hülle und Fülle.

Mein junger Papa entpuppte sich als Gesellschafter allerersten Ranges. Stets umringt von Frauen und jungen Mädeln, hatte er bald die Führung in Händen und verstand es, alle Intelligenzkreise einander nahe zu bringen. Die sehr international eingestellte Clique um den Kanonenkönig Skoda, die sich bisher separiert hatte, und der spätere Abt des Stiftes Tepl, Gilbert Helmer, damals noch Deutschlehrer am Gymnasium, taten eifrig bei unseren Leseabenden mit. Mit den Skodaschen Mädchen, Steffa und Herma, verband mich bald innige Freundschaft. Auch mit dem jungen Sohn, der nichts von seinem Vater hatte, verstand ich mich sehr gut. Vollkommen fern standen uns nur die deutschnationalen Kreise, die es uns nie verziehen, daß wir die tschechischen Funktionäre der Stadt zu unseren Tennisturnieren heranzogen, was wir als eine selbstverständliche Pflicht ansahen. Außerdem waren es wirklich sehr nette Menschen. Daß es uns gelang, jüdische Ärzte und Advokaten in den Offizierskreis zu bringen, gestaltete sich schon weit schwieriger.

Mit Vergnügen denke ich noch heute an die wunderschönen Familienfeste im Skodaschen Hause zurück. Ein patriarchalisches Verhältnis herrschte zwischen der Dienerschaft und den Familienmitgliedern. Kein unfreundliches Wort fiel. Niemals erlebte ich einen Personalwechsel. Auch für das alte, ausgediente Mütterl fand sich im Hause noch irgendein Platz. Ein Mann von umfangreichem Wissen auf technischem Gebiete, der aber sehr verschlossen war und niemanden in sein Inneres blicken ließ, war der Besitzer der riesigen, weltberühmten Skodawerke. Seinem Genie und seinem eisernen Fleiß waren der Aufbau dieser ungeheuren Industrieanlage zu danken, die nach seinem Tode bald in andere Hände kam. Die drei Töchter ähnelten ihrem Vater auch in geistiger Beziehung, während Karlo, der einzige Sohn, wie schon erwähnt, der Mutter nachgeraten war. Frau Skoda behandelte mich trotz meiner Jugend als gleichaltrige Freundin und Vertraute, die man in schwierigen Lebenslagen um Rat fragen konnte. Jedenfalls trug ich viel dazu bei, die Mädeln, die sie in ein unwirkliches Märchenland verpflanzt hatte, dem realen Leben zuzuführen.

Das Leben war für mich in dieser Zeit ein buntes Kaleidoskop. Immer neue interessante Menschen zog ich in meinen Bann. Da waren die oft wechselnden Generalstäbler, Ärzte, berühmte Sportler, neu nach Pilsen versetzte Truppenoffiziere, die weit in dem damals noch großen Österreich herumgekommen waren. Und jedes Land hatte ihnen einen anderen Stempel aufgedrückt. Die aus Polen kommenden liebten den Alkohol und einen kleinen, netten Schwips. Die Bosniaken hatten viel für Frauen übrig, wenn diese nicht verlangten, geheiratet zu werden. Die Ungarn wieder waren halbe Zigeuner, unbeherrscht und temperamentvoll, geschaffen zum Flirten. Und schließlich die Wiener, ganz Seele, ganz Gefühle, aber flatterhaft und untreu. Die meist adeligen Offiziere eines in der Nähe stationierten Dragonerregiments kamen für uns überhaupt nicht in Frage. Sie sahen mit Verachtung auf die Infanterie- und Landwehrtruppen herab und ließen höchstens gnadenweise die Artillerie gelten. Nach ihren Festen und Gelagen zerschlugen sie die Spiegel und alles Glas- und Porzellangeschirr. Kamen sie ins Pilsner Theater, benahmen sie sich oft direkt lausbübisch.

Nach solchen Erfahrungen hatte ich für den Adel nicht allzuviel übrig. Ich verfiel in den Fehler der Jugend, zu verallgemeinern. Papa aber konnte ein einseitiges und vorschnelles Urteil nicht leiden und nahm mich auf eine seiner beruflichen Fahrten mit, die ihn auf verschiedene Güter der näheren und weiterer Umgebung Pilsens führten. Diesmal war unser Ziel Schloß Ronsperg, das landgräfliche Gut des Grafen Coudenhove-Kalergi. Er entstammte väterlicherseits dem nordböhmischen Uradel, mütterlicherseits der griechischen Familie Kalergis. Nach Erlangung des juridischen Doktorgrades wandte er sich der diplomatischen Laufbahn zu, lebte erst in Athen, dann in Rio de Janeiro, Konstantinopel und Buenos Aires sowie Tokio. Seine Reisen aber führten ihn in das Innere Südamerikas, nach Vorderasien und Nordafrika, nach Rußland und in den Kaukasus, nach Vorder- und Hinterindien, China, Korea und in fast alle europäische Länder. Frühzeitig wurde er von höchster Stelle veranlaßt, seine diplomatische Laufbahn aufzugeben, weil er sich durch eine nicht standesgemäße Heirat mit der japanischen Geisha Mitsu Aoyama mißliebig gemacht hatte. Sogar der Zutritt zu höfischen Festen blieb ihm versagt. Coudenhove stand geistig viel zu hoch, um sich durch solch kleinliche Anschauungen unterkriegen zu lassen. Außerdem liebte er seine kleine, blutjunge Frau, die eines der entzückendsten Geschöpfe war, die mir im Leben begegnet sind. Mit 14 Jahren wurde sie das erste Mal Mutter, und die Kinder stellten sich in rascher Folge ein. Als ich sie kennenlernte, waren es bereits sechs Stück, kleine, drollige, schlitzäugige Buben und ein Mäderl, das den Vater nicht verleugnen konnte. Wir wurden in ein orientalisch ausgestattetes Gemach geführt. Ein indischer Diener servierte auf vorbildlich lautlose Art ein phantastisches Souper mit seltsamen Leckerbissen. Jedes Getränk war aufs Raffinierteste den Speisen angepaßt. Aus einem Räuchergefäß fluteten Wohlgerüche, überall blühten exotische Blumen in leuchtenden Farben und geheimnisvollen Formen. Etwas später saßen wir, in weiche Kissen geschmiegt, an niederen Tischen beim Mokka, und Mitsu sang, sich selbst auf einem fremdländischen Zupfinstrument begleitend, japanische Volkslieder. Später las uns der Hausherr ein kurzes Kapitel aus seinem Büchlein „Politische Studie über Österreich-Ungarn" vor. Er vertrat den Standpunkt, daß die Mission Österreichs darin bestehe, eine Brücke zwischen der germanischen und der slawischen Kulturwelt zu werden und volle Gleichberechtigung aller seiner Völker herzustellen habe, um den Zerfall der Habsburgermonarchie zu verhindern. Dann kamen wir auf die Judenfrage zu sprechen, und Coudenhove erzählte uns, daß er in seiner Jugend Antisemit war, weil er die denkbar schlechtesten Erfahrungen mit jüdischen Wucherern gemacht hatte. Ein gründliches Studium aber hatte ihn eines Besseren belehrt, und seine philosophische Doktorarbeit „Das Wesen des Antisemitismus" bekräftigte diese geänderte Anschauung. – Papa sah mich an, und ich wußte, was dieser Blick bedeutete: niemals vorschnell urteilen!

Wie das meistens in einer Provinzstadt ist, wo die Männer in der Gesellschaft zahlenmäßig die Majorität bilden, bemühten sich die jungen Frauen sehr, ihre diversen Freunde unter die Haube zu bringen. Wieder war es ein Jude, der sich um mich bewarb. Auch ein junger Leutnant bombardierte mich mit Ansichtskarten und Anträgen. Unangenehmer war schon des schneidigen Artillerieoffiziers Leidenschaft, der mir bei jedem Auseinandergehen erklärte, es sei unser letztes Beisammensein, da er heute Nacht Schluß machen würde. Daß aber auch die Gattin des Gerichtspräsidenten, Papas Vorgesetzte, sich in den Kopf gesetzt hatte, mich zu verheiraten, erschwerte die Situation. Sie wartete mit sogenannten Partien auf Geld, Stellung, Name, Familie – und versteckte sich hinter Mama. Aber ich kämpfte wie ein Löwe um meine Freiheit. Um all diese Heiratspläne abzuwehren, gründeten Leni Müller, Klara Battyek, Lila Dengler und ich den sogenannten Kindergarten. Aufnahme fanden nur Kadetten oder ganz junge Leutnants. Sonntag vormittags trafen wir uns beim Zuckerbäcker und vertilgten Riesenmengen Schaumrollen, Creme-schnitten und Indianerkrapfen. Trafen wir uns in unseren Wohnungen, spiel-ten wir Karten oder blödelten auf stumpfsinnige Art. Das war ja meine ganz große Kunst, der ich fast alle Erfolge verdanke, mit jedem so zu sprechen, wie er es liebte. Über Themen, die ihn interessierten. Aber ich verstand auch die noch größere Kunst des Schweigens und des Zuhörens, die jede Frau schon in der Schule lernen mußte. Tatsache ist, daß damals viele Menschen nach meiner Pfeife tanzten.

Da kam mir eines Tages der Einfall, wie schön es wäre, so mitten im Tau-mel des Erfolges mich ganz sachte aus dem Leben zu stehlen. Ohne lange Überlegung trank ich eine Flasche Opium aus und verspeiste alle grünen Far-ben, die sich in reichlicher Menge unter meinen Malutensilien vorfanden. Hierauf legte ich mich nieder, las meine Lieblingsverse von Hofmannsthal und malte mir die Überraschung und das Rätselraten aus, welches mein Tod auslösen würde. Aber dann begann ein Rumoren in meinem Magen, die beiden Gifte bekämpften sich wütend, und da keines das andere besiegen konnte, räumten sie beide das Feld. Ich aber verräumte die verräterischen Spuren. Am Morgen konstatierte der herbeigerufene Arzt eine leichte Ma-genverstimmung und riet mir, Tennis spielen zu gehen. Das tat ich auch und konstatierte: „Unkraut verdirbt nicht so leicht."

Aber ein nichtsnutziges, zweckloses Leben war es doch, das wir Mädeln aus sogenanntem guten Hause führten. Erst machten wir die Männer ver-rückt, dann sagten wir: „Sie irren sich, mein Herr ... Adieu!" Nie wurde die Grenze überschritten, aber wir gingen knapp bis an die Grenze.

Ja, wenn man einen Beruf hätte, sich nützlich machen könnte! Ich be-schloß, mich zu bessern. Eifriger studierte ich Rollen und schrieb für ver-schiedene Zeitungen Kurzgeschichten. Gilbert Helmer erbarmte sich unser und gab mir und Herma Skoda Unterricht in vergleichender Sprachwissen-schaft und Geschichte der Philosophie. Unsere Leseabende wurden ausgebaut und vervollkommnet. Jeder Mitwirkende hatte sein bestimmtes Rollenfach, das er virtuos beherrschte. Dazwischen arrangierte Papa ausgezeichnete Di-lettantenaufführungen, die sich auf jeder Bühne hätten sehen lassen können.

Zu den festesten Stützen der Theatergemeinschaft zählte Fritz Pirker. Mit diesem Manne hatte es eine ganz eigene Bewandtnis. Er war Oberleutnant des 35. Infanterieregiments, einer der besten Tennisspieler und schneidigster Tänzer. Bei seinen Kameraden galt er als Sonderling. Nie hatte mir dieser

Mann ein schmeichelhaftes Wort gesagt, immer kritisierte er scharf alles, was ich tat. Das reizte mich, und er begann mich zu interessieren. Bei einem großen Fest in unserem Hause, bei dem fast sechzig Personen anwesend waren, sagte er ab. Bei der Aufführung eines Stückes, welches von ihm und mir getragen wurde, hofierte er einem ganz unscheinbaren jungen Mädel. Das schlug dem Faß den Boden aus. Alle Kunst der Koketterie ließ ich spielen. Ich wollte doch sehen, wer in diesem beginnenden Kampf der Sieger sein würde! Einige Monate später verlobten wir uns. Ort der Handlung: nahe des Grindelwaldgletschers in der Schweiz, an einem Abend, an dem alle Berge rund umher in feurige Glut getaucht waren. Und auch wir brannten. Im stillen Zimmer allerdings sagte ich mir: „Lotte ... willst du eine Ehe aufbauen auf einem Fundament, das zum größten Teil aus Verärgerung und kindischem Trotz besteht? Wenn schon ohne große Liebe geheiratet sein muß, warum dann nicht der reiche Gutsbesitzer oder der Arzt mit der großen Praxis oder einer der anderen, die dir ein sorgenloses Leben garantiert hätten?“ Das sagte ich in den allerersten Tagen unserer Verlobung. Aber ich wußte ganz genau, daß ich niemals eine Spekulationsheirat, die mir finanzielle Vorteile gebracht hätte, eingegangen wäre. Und im tiefsten Innern war ich davon überzeugt, daß wir zwei, Fritz Pirker und ich, zusammengehörten, daß es aber vor Erreichung dieses Zieles harte Kämpfe geben würde. Beide mußten wir lernen, den andern zu verstehen, seine Eigenheiten zu berücksichtigen. Die blinde Eifersucht Fritz Pirkers mußte sich in felsenfestes Vertrauen wandeln, ebenso meine oft verschrobene Lebensauffassung zu ernstem Verstehen anderer Schwächen und Sorgen. Wir beschlossen, unsere Verlobung vorläufig noch geheimzuhalten, und Fritz reiste, da sein Urlaub zu Ende war, von Grindelwald ab. Meine Eltern, mein Bruder, Rudi Laun und ich blieben noch einige Wochen in dem unvergleichlichen Bergland.

Nach der Rückkehr nach Pilsen gab es fast täglich leidenschaftlich geführte Debatten und heftigen Streit zwischen meinem Bräutigam und mir. Er sah in der Frau noch immer ein Wesen, das man ständig am Gängelband führen und unter männlichen Schutz stellen mußte. Als Leni Müller, Klara Battyek und ich ihn einmal Sonntag vormittags in seiner schönen Junggesellenwohnung besuchten, war er außer sich vor Empörung, daß wir dies ohne Gardedame getan hatten, und seine zwei Freunde, gleichfalls Oberleutnants der Infanterie, bestärkten ihn in dieser Anschauung. Übrigens verlobten sie sich einige Monate später mit Leni und Klara.

Natürlich merkten die Pilsner sehr bald, daß die Verlobung zwischen mir und Fritz Pirker nicht ganz stimmte, und Papa sowie alle meine Freunde und Freundinnen redeten mir zu, das Verlöbnis zu lösen. Bei einer Regimentsfeier kam es zu einer harten Auseinandersetzung zwischen Fritz und mir. Bald nach dieser Szene verließ ich mit meinen Eltern die Kaserne. Nachts saß ich im Nachtgewand am offenen Fenster, und da es Jänner war, lag ich 24 Stunden später mit einer Rippenfellentzündung im Bett. Fritz kam, als er von meiner Erkrankung erfuhr, reuig zu mir, und alles war vergessen. Zur Erholung wurde ich nach Arco geschickt. Fritz besuchte mich natürlich, und hier, im sonnigen südlichen Frühling, wurde unsere gegenseitige Neigung zur stürmischen Leidenschaft. Der blaue Gardasee mit seiner gebirgigen Umrahmung, die stillen Klostergärten, wo es den wohlschmeckenden Vino santo gibt, blieben uns in unvergeßlicher Erinnerung.

Da Fritz für sechs Monate in die Korpsschule nach Prag einberufen wurde, trafen wir uns jeden zweiten Sonntag auf halbem Wege zwischen Pilsen und Prag ohne Gardedame, und Fritz war schon so weit erzogen, daß er gegen diese aufrührerische Neuerung, die er noch vor kurzer Zeit als gänzlich unmöglich abgelehnt hätte, nichts einzuwenden wußte. Da wir nun so vernünftig geworden waren – oder soll ich es lieber unvernünftig nennen, denn unsere Liebesglut lohte heiß und heißer –, beschlossen wir, die Hochzeit nicht länger hinauszuschieben. Zwei Jahre Fegefeuer genügten auch für hartgesottene Sünder, wie wir es waren. Die Erlösung erfolgte im Juni 1902.

Henriette („Hertha") Sprung

Hertha Sprung, 1862 in Graz geboren, entstammt mütterlicherseits einer adeligen Tiroler Familie. Nach dem Abschluß ihrer schulischen Ausbildung legte sie am Konservatorium in Wien die Staatsprüfung für Klavier mit Auszeichnung ab und engagierte sich auf dem Gebiet der Mädchen- und Frauenbildung. Bis zu ihrem Tod 1961 war Hertha Sprung Ehrenpräsidentin des Bundes österreichischer Frauenvereine.

Ich war durch meine Berufsbildung unabhängig geworden

Meine Eltern kehrten 1875 von Klagenfurt nach Wien zurück, und ich kam in die Mädchenschule des Frauenerwerbsvereins, schamhaft „Bildungsschule" genannt, weil man Mädchen doch nicht nach Bubenart unterrichten durfte. Diese Schule hatte sechs Klassen, statt Latein und Griechisch Englisch und Französisch, statt der an allen Bubenschulen vorgeschriebenen Dynasten- und Kriegsgeschichte Kulturgeschichte und einen naturwissenschaftlichen Unterricht, der eine leichte Neigung zum Leben zeigte, das heißt eine gewisse Einstellung auf angewandte Physik, Chemie und gelegentlich auch Gesundheitspflege. Der größte Vorzug dieser Anstalt aber war ihr hervorragender Lehrkörper, ausgewählte Professoren der Wiener Mittelschulen und Lehrerbildungsanstalten, denen der Unterricht an dieser neuen Mädchenschule Freude machte. Ich besuchte die Anstalt von der dritten bis zur vollendeten sechsten Klasse und danke meinen Lehrern noch heute für die gute Grundlage, die sie uns fürs Leben mitgaben.

Als ich 17 Jahre geworden war, wurde meine ungewöhnlich hohe und klare Singstimme entdeckt – eine Kinderstimme, denn ich war seit den [bei einem Klavierkonzert] überspielten Händen im Wachstum steckengeblieben und sah noch sehr unfertig aus. Ältere Damen duzten mich kurzwegs, was mich heimlich sehr beleidigte. Da ich natürlich musikalisch gut vorgebildet war, steckte man mich im Konservatorium statt in die „Stimmbildung", die ich nötig gebraucht hätte, gleich in die Opernklasse, in der ich Arien singen sollte, was ich natürlich nicht konnte. Ich erklärte meiner Mutter, daß diese Schule für mich ein Unsinn sei und daß ich nicht mehr hingehen werde. Eine neue Niederlage! Und die arme Frau, die neben ihrem klaren Verstand doch eine große Phantastin war, mußte ihren langgehegten Traum (wie sie mir viel später erst gestand), in meiner Begleitung durch Konzertreisen einen Flug in die Welt zu machen, definitiv aufgeben. Mir aber fiel heimlich ein Stein vom Herzen, daß ich damit öffentlichen Vorführungen entgangen war.

Denn ich war seit dem Ende meiner Schulzeit sehr einsam und scheu geworden, und es vergingen Jahre, ehe ich wieder Anschluß an Mädchen fand. Mama widmete sich ausschließlich ihrem Jüngsten, dem sie dieserart gleichaltrige Geschwister ersetzen wollte, und ich lebte so daneben her, lesend, lesend und wieder lesend: die Schlossersche Weltgeschichte, Macauley und andere englische Historiker, Übersetzungen aus dem Lateinischen und Griechischen – ein sehr buntes und ziemlich wahlloses Gemisch, wie es mir gerade in die Hände kam.

So kam der Sommer meines 20. Lebensjahres heran, der eine Wendung brachte. Eine Freundin meiner Mutter lud mich ein, mit ihr eine Schweiz-Reise zu machen, deren Weg ich ausdenken und bestimmen sollte, da sie selbst, die Gute, in Geographie nicht besonders beschlagen war. Und so kam es zu herrlichen vier Wochen, die uns über München in die Schweiz führten, über den Bodensee nach Zürich und Luzern, vom Vierwaldstättersee in die französische Schweiz und zurück bei prachtvollem Wetter. Am Rigi machte mir ein junger Berliner Professor, den wir bei der Auffahrt kennengelernt hatten, um drei Uhr früh einen Heiratsantrag, den ich, empört über so viel Oberflächlichkeit, abwies und unseren weiteren Reiseweg so weit abänderte, daß er sich uns nicht mehr anschließen konnte, wie er vorgehabt hatte.

Dieses mir heute ziemlich komisch erscheinende Erlebnis hatte aber *eine* gute Wirkung: Es brachte mir zum Bewußtsein, daß ich doch eigentlich jung sei und das alte, eintönige Leben daheim nicht mehr fortsetzen konnte und wollte. Ich wendete mich nach der Rückkehr an meinen Vater mit der Erklärung, wir müßten Verkehr mit anderen Menschen haben, er sollte eine Whistpartie, Mama heiteren Umgang haben, und auch ich wollte mir Leute suchen, mit denen was Vergnügtes und Interessantes zu reden sei. Papa stimmte erstaunt, aber bereitwillig zu, Mama schwieg überrascht, und ich hatte bei meinem etwas verwegenen Plan Glück: Entfernte Verwandte waren nach Wien versetzt worden, wohnten ganz in unserer Nähe und öffneten ihr gastliches Haus einem Kreis von jungen Menschen. Der Herr des Hauses, Sektionschef im Justizministerium, geistreich und humorvoll, liebte es, wenn an seinem einfach beschickten Tisch die lebhaften Gespräche über Tagesfragen, Literatur oder Kunst in Scherz und Ernst hin- und herflogen oder daß wir sonntags in die schöne Umgebung hinauszogen und lange Wanderungen uns zuletzt zu einem einfachen Imbiß in eine der vielen guten ländlichen Wirtschaften führten.

Ich lernte auch meine beiden Freundinnen Emmy und Nelly kennen, die eine eine gute Pianistin, die andere eine hochbegabte Liedersängerin, beide ehemalige Zöglinge des Wiener Konservatoriums und um einige Jahre älter als ich. Beide gaben Musikstunden, und so bereitete auch ich mich auf diesen Beruf vor, machte die Staatsprüfung als Klavierlehrerin und begann zu unterrichten. Ich hatte für diesen Plan, neben den Lehrstunden eines Professors in Musiktheorie und Geschichte, auch ein halbes Jahr lang mit einer Schülerin des international berühmten Wiener Professors Leschetitzky gearbeitet und mir dessen Unterrichtsmethode angeeignet, die, aus der Beethovenzeit herüberreichend, in gründlicher und leichtfaßlicher Weise die Musikalität des Schülers entwickelte und rasch zur Freude an guten Leistungen führte – genau das, was mir als Kind wohlgetan und mir viele Langeweile und Seufzer erspart hätte.

In den Wintermonaten gab es zur Jause an jedem ersten Sonntag im Monat eine „Kinderjause", eine heitere Erfindung meiner Mutter, die uns viel Spaß brachte. Damals war mein Bruder Hans als Adjutant des Vizeadmirals nach Wien kommandiert, mehrere Vettern hier in Garnison – einer davon besuchte die Kriegsschule –, dann waren die „Kollerbuben", fünf lebhafte, hochintelligente Söhne einer Freundin Mamas, ferner meine Freundinnen, Franz Sprung mit seiner jungen Berliner Frau und immer einzelne junge Menschen, die gelegentlich mitgebracht und eingeführt wurden. In dem großen altväterischen Speisezimmer der elterlichen Wohnung gab es eine einfache Jause mit gutem Kaffee und sehr viel Gugelhupf – daher der Name –, aber vor allem sehr viel an Gesellschaftsspielen und Jux. Wir führten Scharaden auf mit den verwegensten Kostümierungen und Aufgaben, improvisierten Theaterstücke, malten uns die erforderlichen Kulissen, dichteten und sangen Bänkel und veranstalteten – einmal in jedem Winter – irgendeine Aufführung, wie z. B. einen grotesken Zirkus, zu dem ein weiterer Kreis eingeladen wurde und die jedesmal in einem Tanzerl endete, zu dem ich, nach einigen Umdrehungen, selbst aufspielte, was mir mehr Freude machte als das Tanzen.

Die Seele dieser Zusammenkünfte war meine Mutter, die in unerschöpflicher Erfindungsgabe, voll Geist und Humor, jeden solchen Abend vorbereitete und mit großem Geschick alle jungen Kräfte einzuspannen und zur Geltung zu bringen verstand. Papa saß bei den Vorführungen, seine türkische Pfeife rauchend, behaglich unter den Zusehern, lachend und kritisierend, bis er wieder stillschweigend in sein abgelegenes Zimmer verschwand, in dem er sich, wenn er von seinen täglichen langen Ausgängen zurückkam, lesend und rauchend aufhielt.

Alljährlich am Faschingssamstag besuchte unser ganzer Kreis das große Gschnasfest im Künstlerhaus, meist zu einer Gruppe vereint, die in das Programm des Abends eingegliedert war. So erinnere ich mich an ein holländisches, an ein ägyptisches Fest, gelegentlich der Erweiterung Wiens zu Groß-Wien, an einen Abend „Groß-Peking" mit sehr viel gelungenen Persiflagen, immer aber von der Künstlerschaft in reizvollster Weise ausgestattet und von ihren jungen Leuten mit humoristischen Einfällen übersät. Die Gesellschaft war natürlich viel zu groß, um sich persönlich zu kennen, es herrschte aber doch eine Art von halber Maskenfreiheit im Sinne des Programms oder der Einzelgruppe, die zu gegenseitigen Aussprachen führte und die Heiterkeit steigerte, aber es niemals zu einer Überschreitung des guten Tons kommen ließ.

Man darf nicht vergessen, daß man über derartige Dinge vor dem ersten Krieg viel strenger als heute dachte und das Hinausgehen über eine gewisse Linie für geschmacklos hielt. Diese Einstellung, verbunden mit natürlichem Frohsinn und Schlagfertigkeit, machte einen Teil des Zaubers der Wiener Geselligkeit aus, die aber durch ihre gründliche Musikalität niemals den Anschluß an die große Kunst verlor, die nach wie vor in unserer Stadt ihre natürliche Pflegestätte fand.

So war auch für unseren Kreis das Konzert- und Theaterleben eine ständige Quelle reinen Genusses, und es gab keinen europäischen Künstler, den wir nicht gehört und bewundert hätten. Ich habe als ganz junges Ding noch Christina Nilsson und Adelina Patti in großen Rollen gehört, Rubinstein, Hans Bülow – schon sehr im Abklingen auch noch Franz Liszt – spielen gehört, habe es ebenfalls in noch sehr jungen Jahren miterlebt, daß der Opernsänger Walter Schubert „wiederentdeckte" und mit seinen Liedern Stürme von Beifall hervorrief, daß man anfing, Beethovensonaten in Zyklen öffentlich zu spielen und sich an die Neunte heranwagte, die unter Hans Richter

und den Philharmonikern bei ihren seltenen Aufführungen wie ein Weihe-
spiel begangen wurde – unvergeßliche Erinnerungen: Es kamen die besten
deutschen Liedersänger zu uns, Messchaert und zwei seiner Landsmänninnen
aus Holland, Alice Barbi aus Florenz, die mit gleicher Poesie und Meister-
schaft deutsche Lieder bis herauf zu Brahms sangen, Brahms, der damals auf
der Höhe seiner Kunst stand und dessen Werke in Wien ihre Uraufführun-
gen erlebten. Wir machten als junge Mitglieder des Wiener Wagnervereines
unter Franz Schalk die erste musikalische Propaganda von Wagners Werken
mit, ihr Eindringen in die Wiener Oper, das sich nur langsam, aber mit immer steigendem Erfolg vollzog. Wir sahen die affektiert-stilisierten Vorführungen der international gefeierten Pariserin Sarah Bernhardt und ihr genia-
les Gegenstück Eleonora Duse, die in gleicher Einfachheit in erschütternder
Wahrheit Shakespeare wie Ibsen, Dumas oder Goldoni spielte. Nicht spielte,
sondern lebte, so daß man auch ohne Kenntnis des Italienischen – so wie
später mein Mann – jeder Nuance der genialen Künstlerin mit vollem Verständnis folgen konnte.

Es waren schöne und genußvolle Jahre, die unserer Generation neben ernster Tagesarbeit beschieden waren. Wären nicht die dunklen Wolken gewesen, die sich am politischen Himmel immer dichter und dichter zusammen-
zogen, das alte Österreich hätte ein idealer Aufenthalt sein können. Der Erlös
aus meiner Lehrtätigkeit reichte vollständig zur Befriedigung meiner persönlichen Bedürfnisse sowie zu langsam anwachsenden Ersparnissen, ich lebte
in meinem Elternhause und hatte es gut: Meine Mutter hatte erreicht, was
sie – unter innerer Ablehnung der beiderseitigen Familien – angestrebt hatte:
Ich war durch meine Berufsbildung unabhängig geworden, unabhängig zu
heiraten oder ledig zu bleiben, ganz ohne Zwang, genau so wie ein Mädel mit
Vermögen, das die freie Wahl hat.

Um mir aber einen kleinen Fonds zu schaffen, der diese Unabhängigkeit
stärkte, plante ich, für einige Jahre als Musiklehrerin nach Chile zu gehen,
dessen Regierung in Santiago eine große Lehrerbildungsanstalt errichtet
hatte und mit Vorzug Österreicher anstellte. Die Bedingungen des dreijäh-
rigen Kontraktes waren besonders günstig und hätten mir den angestrebten
kleinen Fonds geschaffen. Ich lernte also Spanisch und entdeckte mit Begeisterung die Kraft und Schönheit dieser Sprache, weitaus der ausdrucksvoll-
sten der romanischen Sprachen, die ich kannte. Auch was ich an alter und
moderner Literatur Spaniens kennenlernte, riß mich hin. Ich wollte nur mit

der Ausführung meines Planes warten, als ich Papa noch hatte, von dem ich mich nicht mehr für so lange Zeit zu trennen wagte. Aber dann heiratete ich und hatte andere Ziele.

Mein Mann hatte Jus studiert, um Rechtsanwalt zu werden, nachdem er seiner Mutter in die Hand versprechen hatte müssen, immer für Witwen und Waisen einstehen zu wollen – eine Einstellung, die ich, nachdem ich in schwerer Zeit selbst Witwe geworden war, erst voll verstehen lernte. Nach erworbenem Doktorat ging Franz noch für zwei Jahre nach Berlin, um bei dem sehr berühmten Nationalökonomen Professor Wagner Staatswissenschaften zu hören. Auch er war sehr musikalisch, sang und spielte Klavier und war in Graz ein eifriges Mitglied des Akademischen Gesangvereines gewesen, der stets auch zu den großen öffentlichen Aufführungen klassischer Chorwerke herangezogen wurde. Auch in Berlin beteiligte er sich an akademischen Musikaufführungen.

Es war aber nicht dort, wo er seine Frau Margarete Göring kennenlernte, sondern beim Eislaufen, wo das kleine zierliche und blonde Mädchen jeden Abend mit Freundinnen um die Wette lief. Gretel war die Tochter und später auch Stieftochter in Berlin lebender sächsischer Kaufleute, ihre Mutter aus einer Alt-Berliner Bürgerfamilie. Sie hatte, als damals höchsterreichbare Stufe, die Lehrerinnenbildungsanstalt absolviert, ohne jedoch den Beruf auszuüben, war ein oder zwei Jahre in England gewesen und lebte nun mit Mutter und einer Schwester, Ellen, damals noch ein Kind, im Hause ihres Stiefvaters, der Generalvertreter der Hamburg-Harburger Gummiwerke und dabei ein grundguter, aber etwas steifleinener und störriger älterer Herr war. Seine Frau, bei uns immer die Schwiegermutter Nr. 1 genannt, war eine sehr intelligente, leicht hinkende und daher ziemlich rundliche ältere Frau, deren Warmherzigkeit und echter Berliner Humor für mich sehr anziehend waren – umso mehr, als sie mich aufrichtig als Tochter aufnahm, wenn wir alle zwei Jahre etwa zu Besuch nach Berlin kamen.

Der Brautstand Franz' und Gretles dauerte jahrelang, da die Mutter Sprung in die Wahl ihres Sohnes, die auf eine Preußin und Evangelische gefallen war, kein rechtes Vertrauen setzte. Erst als Bruder Paul die Familie in Berlin besuchte und voll Begeisterung über das Gesehene und Beobachtete berichtete, gab sie ihre Zustimmung zur Heirat, die 1887 nach vierjährigem Brautstand in Berlin stattfand. Das junge Paar bezog auf der Landstraße (III. Wiener Bezirk) eine kleine hübsche Wohnung. Franz war inzwischen Konzipient bei Dr. Julius Magg, einem der angesehensten Wiener Advokaten, geworden, zu dessen Teilhaber er nach wenigen Jahren aufrückte, und bereitete zur Erhöhung seiner ziemlich sparsam bemessenen Einkünfte junge Leute auf ihre juridischen Staatsprüfungen vor.

So lebte das junge Paar in vollstem Glück – es war auch eifriger Teilnehmer der vorerwähnten Kinderjausen meiner Mutter –, als im Jänner 1888 alles plötzlich zusammenbrach, weil Gretel, die ein Kind erwartete, an Eklampsie starb und das Kind mit ihr. Franz war vernichtet, der ganze Freundeskreis sah ihn lange nicht, und es dauerte mehr als ein Jahr, ehe er wieder unter Menschen zu gehen vermochte. Es war die Musik, die uns beide schließlich zusammenführte, so daß wir im Spätherbst 1890 heirateten. Unser Anfang war nicht leicht, denn nach wenigen Wochen erkrankte Franz an einer schweren Blinddarmentzündung, die man damals noch nicht operierte, sondern sehr langwierig „warm" behandelte. Hierauf packte es mich, und es dauerte Jahre, ehe ich meine volle Gesundheit wiedererlangte. Aber nach und nach glich sich alles aus, Franz arbeitete wieder mit voller Kraft in seiner Kanzlei, wir nahmen unsere Musikübungen wieder auf, und ich benützte meine erzwungene Ruhe, um mich in die Büchersammlung meines Mannes zu vertiefen und unter seiner Anleitung Volkswirtschaft und Sozialpolitik zu lesen.

Sein Freundeskreis hatte vor einigen Jahren den Wiener Volksbildungsverein gegründet, und so war es die Aufgabe dieser Herren, jeden Sonntagnachmittag in irgendeinem Arbeiterviertel der Stadt eine stets sehr gut besuchte Vorlesung zu leiten oder auch die langsam, aber stetig anwachsenden Volksbibliotheken zu beaufsichtigen, die in verschiedenen Bezirken errichtet wurden. Die Seele und treibende Kraft dieser wahrhaft volkstümlichen Einrichtung war Dr. Eduard Leisching. Auch Dr. Michael Hainisch, der nachmalige Bundespräsident, arbeitete mit, der Rechtsanwalt Dr. v. Fürth und der Ethiker Professor Jodl. In diesen Kreis, dem auch mein Mann angehörte, trat ich nun ein, und es entwickelte sich nach und nach ein Verkehr zwischen einigen der Familien, der zur festen Freundschaft fürs Leben wurde.

Elise Richter

Elise Richter, geboren 1865 als zweite Tochter einer wohlhabenden Familie, studierte Romanistik, Klassische Philologie, Indogermanistik und Germanistik und promovierte 1901 an der Universität Wien. Sie wurde 1943 in Theresienstadt ermordet.

Die Freiheit genießen, die ich mir wünschte

Ich bin im März 1865 in Wien geboren, und solange ich ganz jung war und äußerlich noch gar nichts erlebt hatte, erschien mir das höchst bedeutungsvoll. Frische Märzenluft, Hoffnungskeime trotz allen Winterschnees, das war die frohgemute Stimmung, mit der ich ins Leben trat. Erst später fand es sich, daß mein Lebenslauf – mein Lebenskampf – in der Tat so etwas wie Märzstimmung spiegelte.

Mein Vater war Arzt; von frühester Jugend an auf eigenen Füßen, war er ein gestählter Charakter, von scharfem Verstand, zäher Willensstärke, ursprünglich heiterer, früh verschlossener Gemütsart. Obwohl er uns – Schwester Helene und mich – zärtlich liebte und nur für uns lebte und arbeitete, blieb eine gewisse scheue Grenze zwischen ihm und uns. Das Spielerische, Phantasievolle der Kindheit und Jugend war seinem Verständnis entschwunden. Umso besser verstand uns unsere Mutter, mit der wir so völlig verwachsen waren, daß wir ihren schon 1889 erfolgten Tod nicht glaubten überleben zu können. Sie war sanft und weise, zugleich streng und gütig; ihre Bildung ging weit über den Durchschnitt ihrer Zeit; als echtes Wiener Kind war sie eine leidenschaftliche Besucherin des Burgtheaters, sprachbegabt und sehr musikalisch. Zu meinen frühesten bewußten Eindrücken gehört es, daß ich – etwa vierjährig – am Klavier stand, während die lieben Hände meiner Mutter Schubert-Liszts Erlkönig spielten. Musik ist mir zu allen Zeiten ein Lebensbedürfnis gewesen. Das Burgtheater, das ich siebenjährig zum erstenmal betrat, wurde und blieb eine heilige Herzensangelegenheit.

Solange ich denken kann, wohnte mir Natursinn inne, Freude am Sonnenstrahl wie am Schnee, an Berg und Meer und an Blumen, mit denen ich stundenlang spielen konnte. Geheimnisvoll fühlte ich mich ihnen verbunden, und ein Zittergras mit goldenen Ährchen, das ich in den Prateraruen fand, erfüllte mich mit heißer Begier, „es zu sein". Ich hatte nämlich früh etwas von Seelenwanderung gehört, und nun versetzte ich mich mit solcher Einbildungskraft in ein anderes Dasein, daß ich allen Ernstes versicherte, mich an dieses einst durchlebte Dasein zu erinnern. Insbesondere erklärte ich mir die auffällige Vorliebe für das klassische Altertum gerne dadurch, daß ich eben einmal eine Griechin gewesen sei.

Der Sinn für bildende Kunst und geschichtliche Überlieferung wurde grundsätzlich gepflegt. Von frühester Jugend an besuchte ich in Wien und auf Reisen alle Kunstsammlungen und geschichtlichen Erinnerungsstätten (Geburts- und Wohnhäuser, Gräber berühmter Leute). Sterbe- und Geburtstage großer Männer, Erinnerungstage großer Ereignisse begingen wir, so wie wir sie lernten, durch Aufhängen eines schön geschriebenen Gedenkblattes an der Speisezimmerlampe.

Unsere Erziehung – die physische sowohl wie die geistige – wurde mit größter Sorgfalt, und zwar nach damals wie auch heute nicht gewöhnlichen Grundsätzen, geleitet. Als mein Vater anordnete, wir Kinder müßten täglich kalt gewaschen werden und täglich bei jedem Wetter eine Stunde ausgehen, glaubten Tanten und Großmütter an sicheren Tod. Als er uns – etwa 17- und 20jährig – gestattete, zu zweit „allein", d.h. ohne ältere Begleitung, und wäre es die Köchin, über die Straße zu gehen, schüttelte die ganze Nachbarschaft die Köpfe. Als er um dieselbe Zeit einführte, daß wir jeden Sonntag mit ihm zum schwarzen Kaffee eine Zigarette rauchten, wurde über den Sonderling das Kreuz gemacht. Wir mußten, bis wir 17 Jahre alt waren, um neun Uhr schlafen gehen und alles essen, was auf den Tisch kam, und zwar in vorgeschriebener Zeit, nicht langsamer und nicht schneller. Vom zweiten Jahr ab saßen wir mit bei Tisch und durften die ganze Kindheit über nicht reden, wenn wir nicht gefragt waren. Der Gehorsam mußte unbedingt sein; meine Mutter hütete sich daher vor Befehlen, die sich hinterher als schwer ausführbar und unzweckmäßig oder hart erwiesen hätten.

Da die damaligen Mädchenschulen den Ansprüchen der Eltern nicht genügten, wurde eine norddeutsche geprüfte Erzieherin [Fräulein Friedrich] verschrieben. Sie war der richtige preußische Feldwebel; streng und drillliebend, dabei gutmütig, aufopferungsvoll und sentimental. Sie war nach damaligen Anschauungen ungemein tüchtig als Lehrerin und sehr gut beschlagen in ihren Fächern. Deutsche Sprache und Literatur, Geographie, Geschichte habe ich bei ihr zwischen sieben und 16 Jahren so gelernt, daß ich diese Gegenstände 16 Jahre später zur Matura nicht einmal zu wiederholen brauchte.

Da wir zwei Kinder aus praktischen Gründen möglichst gemeinsam lernen sollten, Helene aber doch um dreieinhalb Jahre älter war, wurde ich in Einzelstunden mit Dampf soweit gebracht, dem Unterricht folgen zu können, der meiner Schwester gerecht wurde. Dies bedeutete naturgemäß schon eine große Belastung des kindlichen Geistes; aber die ganze Art der geistigen Aufzucht war äußerst anstrengend. Der Vormittagsunterricht von acht bis halb zwölf Uhr ohne jede Pause, ja ohne die Erlaubnis, die Stellung der Hände oder der Füße einmal zu verändern, stellte schon größte Anforderungen an die Willenskraft, die denn auch seit dem zehnten Jahre mehr und mehr erlahmte. Aber niemandem fiel es ein, zwischen die Unterrichtsstunden Erholungsminuten einzuschalten. Nach zweistündiger Pause für Essen und Spaziergang und mit Abzug einer Stunde für Klavierüben wurde der Rest des Tages bis halb acht Uhr abends mit Lernen zugebracht; waren die Aufgaben für den nächsten Tag erledigt, so wurde wiederholt. Bei dieser Tageseinteilung kam besonders der bei mir sehr stark entwickelte Spieltrieb zu kurz. Nur zu gern hätte ich Bewegungsspiele gespielt. Aber die galten als zu wild, blöde und unmädchenhaft. Dagegen waren Puppen begünstigt und förmlich wie wirkliche Familienmitglieder gehalten. Wir spielten sehr gern und lang mit ihnen; mit der Zeit wurden sie uns zu Marionetten, mit denen wir ganze improvisierte Szenen veranstalteten, lebende Bilder stellten, Gedichte aufführten, bis wir es schließlich vorzogen, uns selbst an ihre Stelle zu setzen und nötigenfalls zu vermummen.

Wir wurden von erster Kindheit an religiös, aber überkonfessionell erzogen: Alle Religionen seien gleich; es gäbe verschiedene Wege zu Gott; in jedem Gotteshause herrsche die gleiche Andacht; daher das Gebot größter Achtung vor allem, was Mitmenschen heilig. Wir lernten das Alte und das Neue Testament und sehr viele Bibelsprüche. Ich kam von selbst zu einer gedankenlosen Beterei. Als mir wegen meiner Unaufmerksamkeit oft Moral gepredigt wurde, wie schwer ich Eltern und Lehrer ihr Amt mache, überkam mich ein drückendes Schuldgefühl. Überwältigt von dem Bewußtsein meiner Sündhaftigkeit, fiel einmal mitten im Straßenlärm auf der Ferdinandsbrücke der Erlösungsgedanke wie eine Erleuchtung in meine Seele und wurde zum ureigenen Erlebnis.

Mein frommer Eifer sehnte sich nach dem Augenblicke, wo ich frei mich zu dem Glauben würde bekennen dürfen, dem ich nun schon einige Jahre angehörte. Auch drückte es mich, ein so großes Geheimnis vor meiner Mutter zu haben, und ich beschloß, die erste Gelegenheit, die sich bieten würde, zu benützen, um es ihr zu eröffnen. Oft schon hatte ich mir diese Szene ausgedacht, mir alle meine Gründe zurechtgelegt, mich vorbereitet, ihr meinen Glauben in einer beredten Rede vorzutragen und alle die Einsprüche zu widerlegen, die sie machen würde. Denn es war kein Zweifel, daß sie dagegensprechen, ja sogar sehr ernstlich böse oder betrübt sein würde; ich schwankte nur zwischen zwei Entscheidungen: Entweder sie werde, durch meinen unerschütterlichen Glauben selbst überzeugt, nicht nur meinen Übertritt erlauben, sondern auch noch selbst mit meinem Vater dem anderen Bekenntnis beitreten; oder sie werde sehr böse, unerbittlich sein und es werden mir sehr lange Kämpfe bevorstehen.

Aber, wie gewöhnlich, kam es noch anders, als ich es mir ausgedacht hatte. Als ich nämlich eines Sonntags wußte, daß ich mit meiner Mutter auf eine Stunde allein bleiben würde, beschloß ich die Ausführung meines Planes und begann kleine Gedichte, die ich auf die Bedeutung der Feiertage gemacht hatte, ganz ostentativ und nicht, wie ich es sonst getan hätte, in irgendeinem Versteck aufzuschreiben, in banger Erwartung, daß meine Mutter es bemerken werde. Das geschah auch: Sie fragte, was ich schreibe, ich zeigte das Blatt. Sie las es und fragte dann ruhig: „Aber wozu schreibst du denn das? Glaubst du es denn?"

Es erschien ihr entschieden unmöglich; sie hatte selten Gelegenheit, sich mit mir zu besprechen, und so kam es nie zu einem ernsten Gespräch zwischen uns, wozu ich unbedingt hätte ganz allein mit ihr sein müssen. So wußte sie wohl gar nichts von meiner mehr und mehr überhandnehmenden Fröhlichkeit; als ich nun mit vor Aufregung erstickter Stimme, Tränen in den Augen, vor ihrem Stuhle in die Knie sinkend, ihr um den Hals fiel und die Worte flüsterte: „Ja, Mama, ich glaube an ihn!" – Was Wunder, daß sie sich vor Überraschung kaum mehr zu fassen wußte, die Sachlage noch kindischer nahm, als sie war, und mich lachend fragte, ob ich närrisch geworden sei.

Da kam jemand ins Zimmer, und es war keine Rede mehr davon; ich aber ging hart geschlagen und sehr betrübt in mein Zimmer. Ich hatte alles erwartet, nur nicht, ausgelacht zu werden, und ich nahm es auch mit dem Glauben so ernst wie nur irgendein Erwachsener, ja wahrscheinlich noch ernster. Ich wäre, wenn ich den Religionswechsel hätte vollziehen dürfen, damals in dem geistlichen Leben ganz auf- oder untergegangen.

Einige Tage später nahm mich meine Mutter zu einem Spaziergange mit, da sie sonst nie ungestört mit mir sprechen konnte, und es kam nun zu einer langen Unterredung, bei der ich natürlich in allen Punkten besiegt wurde, da ich nicht gewöhnt war, mich über irgend etwas auszusprechen und meine Gedanken ordentlich vorzutragen, so daß mir im entscheidenden Momente alles entfiel, was ich hatte sagen wollen, worauf ich mich so lang vorbereitet hatte. Hingegen sprach mir meine Mutter gerade ins Herz hinein und rührte mich unendlich, indem sie mir vorstellte, was ich ihr und meinem Vater für einen großen, herzbrechenden Kummer machen wolle, daß ich ihre Liebe mit solcher Undankbarkeit erwidere, jetzt und in Ewigkeit von ihnen getrennt zu sein, daß sie ihre Mutter so geliebt habe, daß sie an der Richtigkeit der von ihr übernommenen Religion nicht zu zweifeln gewagt hätte; sie bewies mir, daß der Glaube an Christus unter den Verstandesmenschen ein überwundener Standpunkt sei, und da ich auf alles, was sie sagte, nichts zu erwidern wußte und es ihr zugestehen mußte, hielt sie mich für überzeugt, und indem sie sich abends über mein Bett beugte und mich herzlich küßte, nahm sie mir das Versprechen ab, immer ihr gutes Kind zu bleiben und nie wieder an solche Sachen zu denken.

Damit war nun aber die Sache durchaus nicht erledigt, denn ich schwankte von jetzt an, von den peinlichsten Gewissenszweifeln beängstigt, zwischen meiner Mutter und dem Erlöser hin und her. Ich hatte ihr versprochen, nicht mehr an ihn zu glauben, und ich wußte, daß ich nichts Gottgefälligeres tun konnte, als ihren Wünschen nachzukommen. Aber sollte ich Jesus nun verleugnen? Oder sollte ich zu ihm beten und meine Mutter hintergehen? Ich wußte mir nicht anders zu helfen, als daß ich meine Gebete nur an Gott richtete und mich dann und wann bei dem göttlichen Sohne entschuldigen ließ, daß ich nicht auch zu ihm bete. Er müsse ein Einsehen haben und es mir nicht zur Schuld anrechnen; denn meine Mutter wünsche es so, und meine Mutter wolle doch mein Bestes.

Es blieb mir aber nicht lange verborgen, daß ich damit nicht weniger an Christus glaubte als zuvor, und da ich doch seit längerer Zeit ganz aufgegangen war in Gebeten und religiösen Übungen, entstand, als mir diese Stütze plötzlich entzogen war, eine große Leere in mir, die ich mit nichts auszufüllen vermochte, eine Ödigkeit und Unzufriedenheit, die von der Gedrücktheit früherer Tage bedeutend verschieden war, war ich doch jetzt mit mir selbst zerfallen, ohne inneren Halt und Ruhe; denn sonst hatte ich immer das Gebet zum Trost und zur Erhebung gehabt, nun aber glaubte ich an nichts und betete gar nicht und verlebte, nach innen wie nach außen, trübe, düstere Zeiten.

Doch dauerte dieser Zustand nicht allzu lange, indem meiner Phantasie sich bald ein neues Feld eröffnete. Zu Pfingsten [1878] sollte ich zu einer Nachmittagsvorstellung ins Stadttheater geführt werden, und Fräulein Friedrich, die mitunter selbst sehr naiv war, entschied zwischen dem „Verschwender" und „Sappho" für das klassische Stück. Sie las es uns vor, und obwohl sie eine Menge ausließ, gefiel es mir sehr. Nun aber sah ich es vor mir aufgeführt, lebend geworden. Nie vergesse ich diesen Eindruck, Liebe, nichts als Liebe! Ein neues Gefühl, eine neue Welt eröffnete sich der erstaunten Seele: Was ich sonst vor allem als das Richtige und Ehrwürdige gekannt hatte, lag plötzlich zuunterst, und ein neuer Gedanke belebte, beherrschte mich ganz allein, schien mir das allein Wahre, allein einer wirklichen Existenz Fähige; ein Sturm sondergleichen durchwehte mich, wie hing ich an jedem Wort, das sie sprachen! Liebe, die Bewegerin der Welt, die Triebfeder ihres Handelns, Ursache ihres Todes! Und ich hatte sie für etwas Schlechtes gehalten!

Schlaflos lag ich die ganze Nacht mit glänzenden Augen, mir wieder und immer wieder alles in Erinnerung bringend, was ich gesehen und gehört. Wahrhaftig, Phaons Kuß könnte auf Melittens Lippen nicht heißer brennen als auf den meinen.

Sofort warf sich meine Phantasie auf dieses neue Gebiet, unwiderstehlich davon angezogen. Das selbst zu erleben! Selbst zu lieben, selbst die Melitta – nein, die Sappho zu sein. Seit ich die Liebe kenne, hat es nämlich wie ein Alp auf meiner Seele gelastet, daß Melittens Los mir nicht werden wird, sondern das Sapphos. Und damals, in jener Nacht, durchschauerte mich zum ersten Male der Gedanke: Wenn ich das erlebte! Lieben und nicht geliebt zu werden! Oh, schrecklichster Gedanke – verschmäht werden!

Ich wurde nicht müde, mich in die Lage hineinzudenken, malte mir alle möglichen Situationen aus, vom ersten Erwachen der Neigung bis zu den glühendsten Liebeserklärungen, zur leidenschaftlichen Eifersucht, zur Untreue. Dabei fühlte ich, wie mich ein süßer Traum durchbebte, wenn ich das Wort „Liebe" oder „Geliebte" dachte; ich hätte es um keinen Preis ausgesprochen, und das Wort „Liebchen" konnte ich nicht einmal denken, so schauerlich schien es mir. Merkwürdigerweise sah ich mich als die Geliebte des Kronprinzen, ich phantasierte lauter Liebesgeschichten, denen der Zauber

des notwendigen Geheimnisses, dieses „Wenn Fräulein Friedrich wüßte, daß ich das weiß" einen besonderen Reiz gab. Ich war von nun an aufmerksamer, denn ich fürchtete zu sehr, gefragt zu werden, woran ich denke.

Mit 14 Jahren hatte ich Fräulein Friedrichs Lehrstoff erschöpft. Ich kannte Geschichte, Geographie und Literatur weit über das Maß des Gymnasiums hinaus, Mathematik und Physik im Ausmaß des Untergymnasiums; jedoch hatte ich nie ein physikalisches Experiment gesehen, so wenig wie eine Blume analysiert. Wir lernten das Linnesche System und die lateinischen Namen (dies als besonderes Benefiz, strafweise durfte ich eine Zeitlang nur die deutschen Namen verwenden), aber von einer auch nur äußerlichen Kenntnis der gängigsten Pflanzen war keine Rede. Die letzten zwei Jahre, die Fräulein Friedrich noch im Hause war, vergingen damit, daß sie mir in den „Unterrichtsstunden" die Klassiker und andere Dichter, Biographien, Literaturgeschichten u. ä. vorlas. Allein wiederholte ich das zum Übermaß Gelernte in einer von mir ersonnenen Form; ich legte Zeittafeln an, in denen ich alle Ereignisse auf allen mir zugänglichen Gebieten mit Sorgfalt zusammentrug und die mir viel Freude machten. Dann war aller Unterricht auch der Form nach beendet. Die sehnlichst gewünschte „Ausbildungsstunde" gewährten die Eltern nicht wegen der zu großen Ausgabe. Mit quälendem Neide dachten Helene und ich an all die Buben, die das Gymnasium machen könnten bzw. müßten. Für uns lag das außer dem Bereich der Möglichkeit.

Den wichtigsten Eindruck machte mir damals jener unvergeßliche Abend, an welchem ich die „Räuber" sah. Es war der Tag des Volksfestes zu Ehren der Hochzeit des Kronprinzen, und die schaulustige Menge war vollzählig im Prater und auf dem Ringe erschienen; nur eine kleine, aber andächtige Gemeinde hatte sich in dem geliebten Hause versammelt und nahm mit dem feinsten Gefühl die wunderbare Dichtung auf, die geradezu vollendet dargestellt wurde.

Und in der Tat, so überraschend, wie vor drei Jahren [bei der Vorstellung der „Sappho"] die Erkenntnis der Macht der Liebe über mich hereingebrochen war, um sich blitzschnell die Herrschaft zu sichern, so jetzt die Macht der Freiheit. Zu soldatischem Gehorsam erzogen und immer in engen Verhältnissen lebend, hatte ich mich zuerst glücklich dabei befunden; je älter ich aber wurde, desto unbehaglicher hatte ich gelebt, ohne selbst recht zu wissen, was mir fehlte. In den letzten anderthalb Jahren war dieses Gefühl umso lebhafter geworden, als Fräulein Friedrich durchaus nicht von der angenommenen Linie abging und mir die Freiheit nicht gewährte, die ich alle anderen Mädchen genießen sah. Dazu kam nun die notwendige Reaktion auf meine frühere übergroße Dienstfertigkeit; ich hatte jahrelang geschwiegen, jahrelang alles, was über mich verhängt wurde, als gerecht ertragen; jetzt war ich desto unzufriedener. Ich hatte es mir nicht verdeutlichen können, was ich meinte, jetzt ward es mir plötzlich klar, als ich die „Räuber" sah. Das war es, was ich meinte, Menschenwürde, Menschenfreiheit, dies Menschenrecht par excellence! Wie hatte ich es in der strengen Zucht nur ausgehalten bis jetzt! Wie Herzenshauch – nein, wie berauschender Herzenssturm wehte es mich an: Ich wollte auch frei sein!

Und der Wunsch nach Freiheit erwachte so lebhaft in mir, als die Erfüllung schon vor der Tür stand. Einige Wochen vor dem bedeutungsvollen „Räuber"-Abend war ich nämlich 16 Jahre alt geworden, und meine Eltern wünschten, daß mit den Sommerferien mein Schulunterricht beendet sei, wobei dann Fräulein Friedrich aus unserem Hause scheiden sollte.

So herrschte dann eine allgemeine Rührung an dem Tage, den ich mir seit Jahren gewünscht, meinem 16. Geburtstage. Ohne je älter werden zu wollen, fand ich doch, daß 16, 17, 18 die schönsten Lebensjahre, die eigentliche Jugend seien, und ich begrüßte die „sweet sixteen" mit einem wahren Enthusiasmus, ich freute mich darauf wie auf ein besonderes Geschenk Gottes. Nun erst fühlte ich mich jung und froh, und mehr und mehr verzogen sich die Wolken, die eine Zeitlang mein Leben verfinsterten, mehr und mehr machte sich ein rosiger Optimismus geltend, der sich zur Grundlage meines Charakters gestaltete. Nun fühlte ich die Liebe meiner Eltern und das Glück sorgenfreier Existenz, die mir in ihrem Schütze vergönnt war, nun sollte ich ja zwei Stunden Klavier spielen, lesen, aus eigenem Antrieb tun können, was mir sonst anbefohlen war – mit einem Wort, die Freiheit genießen, die ich mir wünschte. Ich war nun alt genug, um all dies Glück zu erkennen, und meine Jugend genoß ich als die höchste aller mir erwiesenen Wohltaten. Ich fühlte mich jünger als je zuvor. In optima forma nahm ich Abschied von meiner „Kindheit", deren letzte Tage nun gekommen seien, und wählte meine Mutter, mir darüber ein Gedicht zu schreiben, was sie dennoch tat, „damit dieser Wunsch erfüllt sei wie alle anderen". Denn auf dem Geburtstagstische befanden sich die herrlichsten Sachen: prachtvolle Bücher – darunter eine gute Vorbedeutung, ein Herder in 60 Bänden –, die ersten Schmuckgegenstände und, zu meinem großen Jubel, eine schöne goldene Uhr. Auch ein

Schwimmkleid hatte meine Mutter mir angefertigt, „da doch das Wasser jetzt mein Element". Und so fehlte mir wirklich gar nichts.

Doch bedrückte es mich unendlich, daß der Tag näher und näher kam, an welchem ich von Fräulein Friedrich und vom Lernen scheiden sollte. Ich hatte oft mit ihr gegrollt; nun, da ich von ihr Abschied nehmen sollte, wurde mir das Herz schwer, denn ich verdankte ihr viel Gutes. Fräulein Friedrich hatte es so unzweifelhaft gut mit mir gemeint, daß ich sie trotz Ärgers aufrichtig liebte und mir gar nicht vorstellen konnte, wie ich ohne sie leben werde. Ein richtiges Gefühl verband mich ihr in unwandelbarer Dankbarkeit; sie hatte ihr schönstes Leben mir gewidmet und war kränklich und nervös geworden zu meinem Nutzen.

Sie schied, und lange konnte ich nicht von ihr reden hören, ohne daß mir die Tränen in die Augen traten. Ich war wie verloren, denn ich war in dem ganzen Hause mit ihr am intimsten, ich lebte hauptsächlich mit ihr.

Erst nach und nach gewöhnte ich mich an die Trennung und lebte auf im Genuß der langersehnten Freiheit. Es war im Ganzen genommen der richtige Zeitpunkt, daß ich mir selbst gegeben wurde, meine eigene Ausbildung anfing. Die Schulzeit ist ja nur Vorarbeit für das eigentliche Lernen, das immer ein Selbstunterricht sein muß, und es ist daher nicht gut, den Schüler allzu lang bei den geringeren Aufgaben festzuhalten und seine Fähigkeiten einschlummern zu lassen. Bei meinem unterwürfigen, biegsamen Charakter war es nun besonders höchste Zeit, nicht länger von einer Autorität bedrückt zu werden, sondern frei meinen eigenen Weg zu gehen.

Meine Erziehung war hauptsächlich auf den Punkt gerichtet worden, mich recht lange kindlich zu erhalten, und meine Bildung war möglichst in die Breite getrieben worden, aber niemals in die Tiefe. Ich lernte sehr viel, aber niemand bemerkte es, daß mein Geist gänzlich unentwickelt blieb und mein Auffassungs- und Denkvermögen sich mit den Jahren nicht kräftigten. Oder vielmehr, man bemerkte es, aber man nahm sich nicht die Mühe zu versuchen, ob ich bei größerer Anregung nicht mehr leisten könne, sondern ich war eben sehr dumm, halb blöde und gänzlich unfähig, einen Gedanken zu fassen, das wurde als Tatsache angenommen, mir in unverblümtester, kränkendster Weise gesagt, so daß ich selbst jeden Mut, jedes Streben nach Vervollkommnung verlor.

Ich hatte auch keine Hoffnung auf Fortschritte, als ich mir nun allem überlassen blieb, sondern trachtete nur, möglichst wenig zu vergessen. Dennoch machte sich in mir ein instinktiver Lebensdrang geltend, als ich nach den ersten Wochen der Trennung mich doch eines Gefühles von Wohlsein in der Freiheit, von Zufriedenheit mit dem jetzigen Zustande nicht erwehren konnte. Ich sehnte mich noch immer nach ihr, und doch war es dringend nötig, daß, wenigstens für einige Zeit, ihr Einfluß ferngehalten blieb. Meine elastische Natur fügte sich auch nach nicht allzu langer Zeit in die angewiesene Lage, und als wir von Tobelbad nach vier Wochen nach dem schönen Toblach gingen, verlebte ich daselbst den Herbst in glücklichster Weise. Die hohen Berge, die reine, klare Luft, der tiefblaue Himmel und der reizende grüne Wald bei der Pension entzückten mich mehr denn je; und ich konnte tun, was ich wollte: lernen oder nicht, Briefe schreiben oder lesen oder gar nichts tun, ein bisher ungekanntes Vergnügen, oder spazierengehen oder vielmehr laufen. Denn ich empfand eine besondere Freude, die Abhänge hinauf- und sie hinabzurennen wie die kleinen Kinder, nur um zu zeigen, daß ich meine eigene Herrin sei. Ich fühlte dies mit der größten Wonne: Mir war zumute, als ob ich plötzlich aus einem dunklen Kerker befreit worden wäre, und ich berauschte mich an der in „vollen, in durstigen Zügen genossenen freien, himmlischen Luft".

Ich ging nun immer allein, setzte mich auf einen romantischen Baumstrunk und las als erstes Buch, das ich allein studierte, Herders „Philosophie der Geschichte der Menschheit". Ich hatte das Gefühl, als ob das Buch für mich geschrieben worden wäre, so genau traf es alle meine Interessen, entsprach es meinen Bedürfnissen. Kein sorgfältiger Lehrer hätte eine bessere Wahl treffen können. Es war die weite, große Idee der Humanität, die mich entzückte, diese Frömmigkeit ohne Dogma, dieser leise Übergang aus den beschränkten Schulansichten zu weiteren Ideen, höheren Gedanken. Herders Prinzip von der Allgegenwart Gottes in der Natur, seine Anbetung der letzteren sei Beweis von ihrer Unfehlbarkeit und Vollkommenheit, erfüllte auch mich mit Bewunderung für sie; ich war frömmer als je, doch ich betete nicht mehr in Worten. Angesichts dieses reizenden Stückchens Erde durchschauerte mich eine heilige Andacht. Ich befand mich im Heiligtume Gottes. Kein böser Gedanke wagte es, in seiner Gegenwart in meinem Herzen aufzutauchen. Was ich aber sonst als Sünde empfunden, schrumpfte vor der erhabenen Größe und Güte Gottes zu den Kindereien zusammen, die sie eigentlich waren. Ich fühlte, wie rein und makellos meine junge Seele sei, und ein Entzücken durchströmte mich, daß ich ein Mädchen bin – ich war glücklich, das war mein Gottesdienst, und also derjenige, wie Herder sagt, den Gott am meisten sieht. Ich strömte über in Lustigkeit, und meine Mutter und Helene sahen meine Ausgelassenheit mit Wohlwollen und freundlicher Nachsicht; mein fröhliches Gelächter, das offenbare Aufblühen der übermäßig lang geschlossenen Knospe gefiel ihnen wohl, und meine Heiterkeit und Spaßmacherei war geradezu meine Pflicht geworden.

Dann kam Mommsens „Römische Geschichte" daran. Es war Winter geworden und Helene von einem schweren Augenleiden erfaßt. Ich las viele Stunden täglich vor; zudem sollte ich mich häuslich betätigen. Die Arbeit des Staubwischens versüßten Helene und ich uns durch Deklamieren. Wenn wir laut brüllend die Staubtücher zum Fenster hinaus schüttelten, erschienen die Nachbarn in der engen Straße verwundert an den Fenstern. Ich machte nicht ungern Phantasiestickereien und lernte auch kochen.

Nun, als ich Mommsens Einleitung las, eröffnete sich der Blick in die sprachwissenschaftliche Welt. Solche Zusammenhänge gab es! Das konnte der menschliche Geist erfassen! Ich hatte seit dem fünften Jahr Französisch, seit dem 13. Englisch gelernt, aber nur „bonnenmäßig". Sofort hätte ich nun Indogermanistik studieren mögen oder wenigstens Lateinisch. Aber der Wunsch nach einem Lehrbuch wurde grundsätzlich als „unmädchenhaft" und „verrückt" nicht erfüllt. „Ja, wenn du ein Bub wärst!" Wir haßten unser Geschlecht. Da aber die trübschwere Stimmung der vergangenen Jahre einer freien, fröhlichen Gemütsverfassung gewichen war, fügte ich mich, malte mir einen Schnurrbart an und hoffte auf das nicht zu Erhoffende. Ich studierte gründlich Geschichte, Philosophie, Literatur, versenkte mich in den deutschen Homer und Sophokles, in Faust und vieles andere. Auch meine Weltlust brach gewaltig hervor, als Helene auf einen Ball und zu einer Soiree ging und ich zu Hause bleiben mußte, da meine Mutter mich erst im nächsten Winter einführen wollte. Zu meinem 17. Geburtstag bekam ich aber ein Spitzentuch, Fächer und einen weißen Mantel, und tags darauf kam eine Balleinladung, die mit beglückenden zwei Strichen auf dem „Fräulein Tochter" versehen war. Meine Mutter wollte mich wieder nicht gehen lassen, als aber Baronin S., bei der der Ball war, persönlich um meine Gegenwart bitten kam, und da ich außerordentlich viel Lust hatte, alle die neuen Sachen gleich zu benützen, wurde sie umgestimmt – da ich ja doch endlich 17 Jahre alt sei! –, während ich, sobald mein Wunsch gewährt war, alle Lust verlor: Ich schämte mich nämlich, nicht entsagt zu haben, und empfand etwas wie ein

böses Gewissen; so viel galt es mir zu gehen, daß die Erfüllung mir wie eine
Beschämung erschien. Als dies aber nach ein paar Tagen überwunden war,
freute ich mich über alle Maßen auf den großen Abend und wurde öfter dabei ertappt, wenn ich still vergnügt vor mich hinlächelte. Das einfachste aller
Ballkleider, ein englisches weißes Voilekleid, wurde angefertigt, wie es zu meinem schrecklich jungen Gesicht paßte; ein winziges Sträußchen wilder Rosen
an der Achsel und zwei Schnüre blasse Korallen um den Hals, die Zöpfe
wieder in der ganzen Länge unten zusammengesteckt, sah ich, zu meinem
großen Verdruß, allem eher als einer erwachsenen Balldame ähnlich; wozu
noch kam, daß ich mich physisch nicht früher und schneller als moralisch
entwickelte und, mager bis zur Männlichkeit, eine gänzlich unausgebildete
Gestalt hatte. Dennoch gefiel ich mir sehr gut, besonders konnte ich mich
gar nicht genug über die Schönheit meines Fußes wundern, der, in der Tat
klein und zierlich, sich in dem Spitzenstrumpf und dem weißen Atlasschuh
doch gar zu vorteilhaft ausnahm und mich mit der grausamen Kürze des
Kleides versöhnte. Nachdem ich die Friseurin durch mein Ballfieber schon
sehr belustigt hatte, ging es endlich fort, und obwohl Charlotte mir versicherte, ich sähe aus wie auf dem Theater (das Höchste, das wir kannten),
nicht ohne ein leichtes Gruseln. Indes ging alles gut ab; zuerst hörten wir einige sehr lustige Produktionen an, dann wurde etwas getanzt; nach der ersten
Quadrille ging's aber zum Souper, und da es mittlerweile vier Uhr war und
Helene die ganze Nacht über Migräne hatte, mußte ich vor dem Kotillon
fort. Ich bedauerte dies umso mehr, als ich zu demselben mit meinem Tisch-
herrn engagiert war, mit dem ich mich so gut unterhalten hatte. Er führte
den schönen Namen Oscar Dostal und gab sich viel Mühe mit mir; wir waren bald im ernstesten Gespräch über Mommsen und andere interessante
Dinge, und er sagte mir viele Artigkeiten, die ich alle für bare Münze nahm,
da mir der Gedanke gar nicht kam, daß er etwa mit mir liebenswürdig sein
wolle; auch als er ein von einer Schüssel gefallenes herzförmiges Stückchen
Aspik, das bei jeder Berührung zu zittern begann, mit seinem ins Schwanken
geratenen Herzen verglich, schloß ich daraus, daß er verlobt sein müsse, denn
so wünschenswert es mir schien, anderen zu gefallen, gab ich mich nie der Il-
lusion hin, dies zu vermögen. Das Veilchenbukett aber, das er mir aus einem
Tischaufsatz reichte, bewahrte ich sorgfältig und war ganz außer mir, als ich
beim Nachhausekommen merkte, daß ich es auf der Treppe verloren hatte.
Da aber meine Mutter nicht wieder mit mir hinabgehen wollte, es zu suchen,

legte ich mich, nachdem ich ihr alle meine Erlebnisse erzählt hatte, endlich um fünf Uhr nieder, stand aber um halb acht wieder auf, um in größter Ruhe meinen Abschnitt Mommsen zu lesen.

[In den frühen 1880er Jahren besuchten die Richter Verwandte in Gleiwitz, wo sich Elise sofort zu ihrer so gegensätzlichen Cousine Hermine hingezogen fühlte.]

Obgleich um einige Wochen jünger als ich, war sie doch um Jahre älter an Erfahrung und Einsicht. Ich hatte schon viel gelesen und von meiner rosigen Naivität viel verloren, ich hatte, wie natürlich, ein brennendes Interesse für die mir unbekannten gewissen Dinge, doch bezahlte ich jede Entdeckung auf diesem Gebiet mit großem Herzweh. Es gibt ja keinen glücklicheren Zustand als denjenigen, in welchem ich die Welt so rein und alles so groß und schön sah. Wie elend fühlte ich mich, als ich mehr und mehr einsehen mußte, daß dies nur Täuschung gewesen sei und daß jene „Erfindungen und Hirngespinste" der Dichter, welche ich alle als unanständige Vorkommnisse betrachtete, nur zu sehr der Wirklichkeit abgelauscht seien. In der niederschmetterndsten Weise fand ich mich nun von Hermine gefördert, die mir in einem zufälligen Gespräch, ohne von meiner Unkenntnis eine Ahnung zu haben, über manche Dinge die Augen öffnete.

Ich fühlte einen großen Ekel vor der Welt und vor den Männern insbesondere, und ich konnte keinen sehen ohne ein verächtliches Gefühl, mit wem er wohl vor mir verkehrt und wie verkehrt haben mochte! Ich glaubte gar nicht mehr an Ausnahmen. Was ein Mann ist, dachte ich, ist untreu und unsittlich, und abhold, wie ich allem Schein war, kam ich wieder auf meine Ansicht von ehemals zurück, daß das Heiraten eine häßliche Sache und zu vermeiden sei; denn Heirat und Ehe sind ja nicht eines, und nur in den seltensten Fällen schließt die erste jene in sich; sie ist nur die äußere Form, die entweder überflüssig oder schändlich ist, denn sie gibt Veranlassung zum gemeinsten Laster, zur Heuchelei.

Wie der Blitz, der ins Pulver fällt, so wirkte einige Monate später die Lektüre von G. Brandes' „Kulturströmungen des 19. Jahrhunderts" auf meine Gemütszustände und Ansichten, und ich vergesse niemals den Jubel, das Entzücken, mit dem ich das wunderbare, geistvolle Buch las, den außerordentlich befreienden Eindruck, den es auf mich machte, von jenem Satze in der Einleitung angefangen: „Was haben wir (in Dänemark) aus jener Bewegung gemacht, als die Menschen zuerst darauf kamen, daß es eine Freiheit gäbe hinter dem konstitutionellen Staat, einen Gott hinter der Dreieinigkeit, eine freie Liebe hinter der konventionellen Ehe!" Bis zu der systematischen Ausführung des Gedankens, daß nicht das freie Zusammenleben zweier Liebender Sünde sei, sondern die heuchlerische Intimität zwischen Menschen, die nichts füreinander fühlen, daß die Liebe zu einem anderen als dem Gatten nicht sündhaft ist – denn die wahre Liebe kann gar nicht sündig sein –, sondern Betrug gegen den Gatten, mit dem man lebt, während man des anderen denkt. Wie könnte auch die Liebe anders als göttlich sein! Ein Gefühl, das so sehr erhebt, stärkt und beglückt, das dem menschlichen Leben in allen Verhältnissen erst Wert und Inhalt gibt, ist, wann und wie immer es sich einstellt, ein himmlisches Geschenk, und es handelt sich nur darum, die wahre Leidenschaft von der eitlen Liebelei zu unterscheiden. Dann glaube ich zuversichtlich mit der Staël an den Satz: „Dir wird viel vergeben, denn du hast viel geliebt."

Ich war mir nie darüber im Zweifel, daß ich darauf verzichten müsse, nach diesen Grundsätzen zu leben, und mich begnügen müsse, nur um keinen Preis in eine Verbindung zu willigen, wenn mich nicht Liebe dazu trieb, denn ich war ja nicht selbständig, und ich wußte, daß für ein Mädchen, welches seine Würde einigermaßen retten will, diese Bahn heutzutage noch nicht betretbar ist. Aber ich glaube es zuversichtlich: Kommen wird die Zeit, wo die Liebe von konventionellen Fesseln frei sein wird, so wie jetzt schon der Glaube (in den gebildeten Ständen) frei von konfessionellen Dogmen ist, und die Welt wird sittlicher sein ohne Heirat, so wie sie von Ketzern gesäubert ist, seitdem die Herrschaft der Kirche in gebührende Schranken gewiesen wurde.

Die Schwachen mögen an der Kirche hangen und sich glücklich fühlen in der Ausübung und Beobachtung des althergebrachten Zeremoniells – den Starken sei es gewährt, ihrer Kraft zu vertrauen, an ihr eigenes Wort zu glauben und ihren Gott in ihrem Gewissen zu finden, wo er mit größerem Recht zu suchen ist als in einem entfernten Himmel. Zu dieser Anschauung Gottes gelangte ich nach vielen Kämpfen und Zweifeln.

Ich glaubte nun wieder wie einst, daß ich in Gottes besonderer Obhut stehe und daß nichts wider seinen Willen geschieht; aber nun führte ich dies auf den Umstand zurück, daß Gott nicht außerhalb der Dinge steht und dieser lenkend gedacht werden könne, sondern daß in ihm erst alles zur Erscheinung und Geltung kommt, daß eben gar nichts wäre, wenn er es nicht belebte und bewegte, daß er das Lebenselement alles Bestehenden ist und daß deshalb nichts ohne seinen Willen geschieht und geschehen kann, weil er alles Geschehende selbst ist: Gott ist die Tat, und in jeder Tat waltet Gott. Er ist alles in allem und alles in jedem einzelnen, daher gehen auch die Dinge, im Großen gesehen, ihren Gang in unentwegter Regelmäßigkeit, und unser Gebet kann und wird daran nichts ändern.

So lebte ich ruhig in der festen Erwartung, daß alles Kommende gut sein werde, und ertrug das Ungemach, das häufig genug über mich hereinbrach.

Das äußere Leben gestaltete sich immer düsterer durch verschiedene schwere Erkrankungen meiner Mutter; Helene litt an den Kopfnerven, und schließlich erkrankte ich selbst im 20. Jahre, infolge eines Masernanfalles, an Gelenkrheumatismus, der schwerste Folgen nach sich zog. Ich lag ein Jahr lang so gut wie unbeweglich unter größten Schmerzen, gewann nie mehr die Beweglichkeit, die ich als Kind gehabt hatte, erlitt mehrere, monatelange Rückfälle und überwand dieses Leiden erst in späteren Jahren. Die Krankheit hatte aber auch ihre Lichtseite. Ich schuf mir mein Leben auf meiner Liege-statt: ich lernte Partitur lesen, um nicht auf Musik verzichten zu müssen, und als Weihnachtsgeschenk bekam ich eine griechische Grammatik und eine (unkommentierte) Homerausgabe. Nachdem ich die erstere fünf Monate studiert hatte, stürzte ich mich in den Homer, eroberte ihn Zeile für Zeile und kannte im Herbst zwei Gesänge auswendig. Meine Freude wurde in der Familie warm mitempfunden, aber dennoch bekam ich keinen Lehrer, denn als ich wieder eine bis zwei Stunden sitzen konnte, hatte mein Vater mir den langgehegten Wunsch nach einer Zeichenstunde erfüllt. So lernte ich allein weiter, und ich habe auch späterhin für das Griechische nur zum Lesen Pindars eine Fachhilfe herangezogen.

Nach mehrjährigem, durch Liebe verklärtes Siechtum starb meine Mutter. Mein Vater konnte diesen Verlust nicht überwinden; ein Leiden, dessen Keim er jedenfalls schon lange in sich hatte, brach mit jäher Gewalt aus. Innerhalb 18 Monaten begruben wir beide Eltern. Es dauerte Jahre, bis wir wieder zu uns kamen. Wir gingen auf Reisen und haben – stets unzertrennliche Lebensgenossen – nach und nach den größten Teil Europas und Nordafrikas kennengelernt. In Salzburg, auf der Höhe des Gaisberges, empfand ich zum ersten Mal die Herrlichkeit der Welt und den Wert des Daseins. Wir pilgerten vor allem nach Wittenberg, Weimar und Bayreuth, Oberammergau.

Um in Wien zur Rast zu kommen, mußte das Leben neu gestaltet werden. Unser erster Schritt noch innerhalb des Trauerjahres war, uns den Zutritt zu Universitätsvorlesungen zu verschaffen. Einzelne Professoren gaben Frauen das Gastrecht; so besuchten wir ein Philosophiekolleg Lujo Brentanos, Theodor Gomperz' Platointerpretation und die Erklärung antiker Bildwerke Otto Benndorfs. Als ich den herrlichen Treppenbau, dessen Schönheit mich tagtäglich neu erfreute, scheu und ängstlich zum ersten Mal betrat (1891), konnte ich nicht ahnen, daß ich in absehbarer Zeit dort das Bürgerrecht genießen würde.

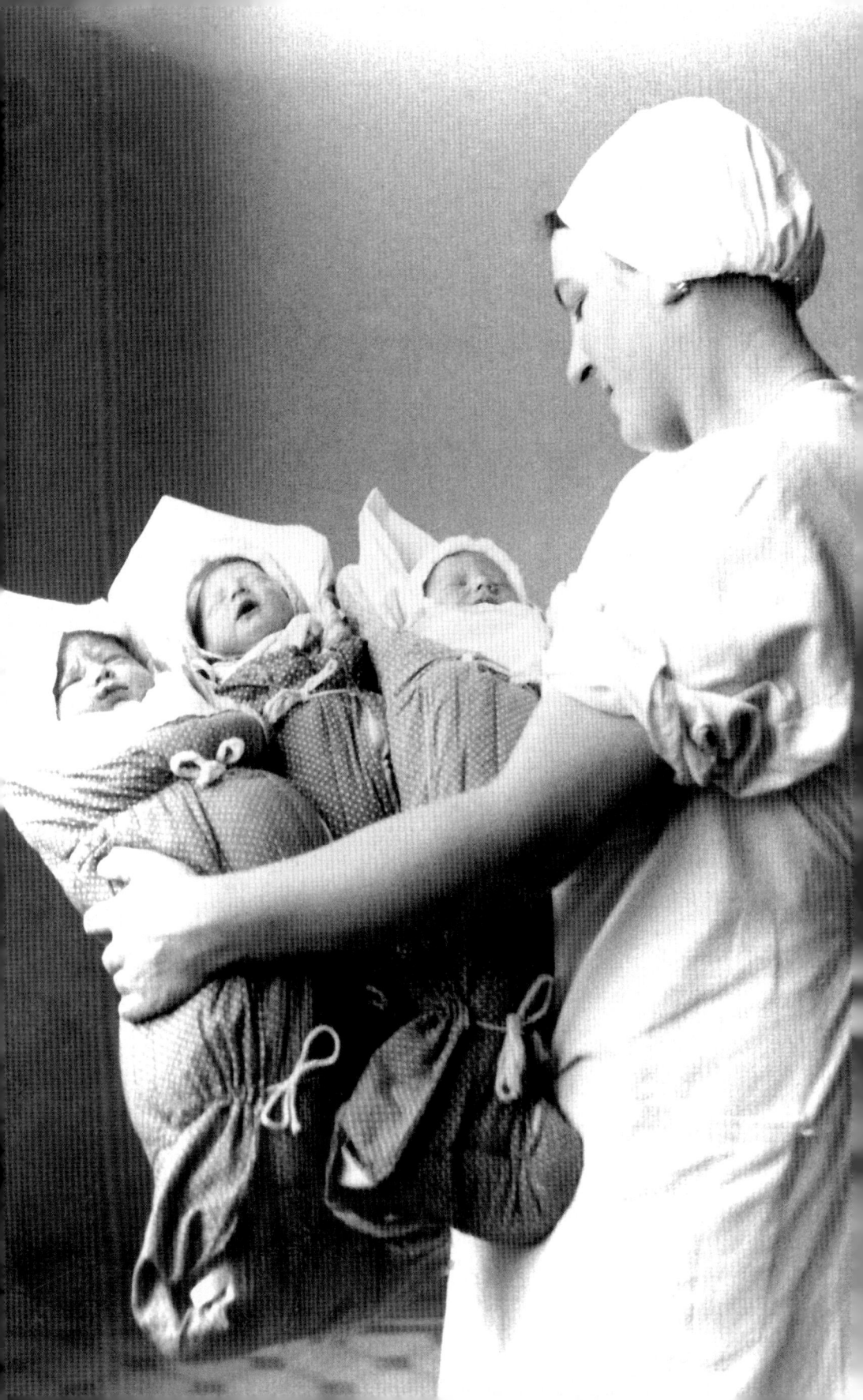

Ottilie S.

Ottilie S., geboren 1903 in Innerstetten als drittältestes von neun Kindern, von den eigenen zwölf Kindern überleben sieben.

Frauenleben

Und dann mußte ich meiner ersten Entbindung entgegensehen. Es war der 7. November 1924, als die Ottilie zur Welt kam. Es ging mir sehr schlecht. Ich mußte viel mitmachen. Ich sagte dann zu meinem Mann, wenn ich nochmals schwanger werde, dann gehe ich schon in der ersten Viertelstunde zur Donau. Da hätte ich zwölfmal in die Donau gehen müssen!

Als ich dann vom Wochenbett aufstand, ging ich nach Schloß Egg zum Fürsten Sanozeno. Es waren zwei Buben da mit drei Jahren und einem Jahr. Die Frau Fürstin betreute ihre Buben selber. Ich war also das „Mädchen für alles", hatte die Zimmer sauber zu machen und Wäsche zu waschen. Meine kleine Ottilie – wie wir sie getauft hatten – versorgte mir die Mutter; und nachts war ich selber daheim. Ich bekam im Monat dreißig Mark Lohn und Essen. Ich war drei Monate dort.

Am Neujahrstag bekamen wir Besuch aus Eidsberg vom Sohn des Bauern, bei dem mein Mann sechs Jahre im Dienst war. Er teilte uns mit, daß der Bauer das Nachbarhaus gekauft habe. Es wäre frei und wir könnten in die Wohnung einziehen, wenn wir wollten. Wir besichtigten es und mir entsprach es. Im Erdgeschoß drei Zimmer und ein großes Zimmer im ersten Stock, also Platz genug. Ich dachte, wir könnten eine Kramerei aufmachen, wie man damals so ein kleines Geschäft geheißen hat. In einem Jahr haben wir fünfzig Doppelzentner Mehl verkauft, alles andere obendrein. Das Geschäft wäre gar nicht schlecht gegangen, aber mein Mann konnte kein Geld halten. Er ging ins Wirtshaus, trank, spielte Karten oder kegelte. Wenn er verspielte, war es ihm gleichgültig, die Hauptsache: er hatte Unterhaltung! Er hatte keine Arbeit, aber es wäre auch so zum Leben genug gewesen, wenn er gespart hätte. Und am 4. Januar 1927 kam ein Bub zur Welt. Also brauchten wir wieder mehr zum Leben. Mein Mann hatte weiterhin wenig Arbeit, so daß wir nur vom Geschäft leben mußten. Es hätte fast zum Leben gereicht, wenn er gespart hätte. Aber das konnte er nicht. Er rauchte wie ein Schlot und ging viel ins Gasthaus. Und das Jahr 28 ging vorüber. Am 1. Februar 1929 kam wieder ein Bub zur Welt. Er war nicht gesund und als er vier Monate alt war, starb er. Die Krämerei hatte ich aufgegeben. Es ging nicht mehr. Wir konnten nicht mehr bezahlen. Mein Mann hatte wenig Arbeit. Es kam der Winter, er konnte nicht stempeln gehen und wir mußten so sparen. Vierzig Mark Geld hab ich gespart und von Weihnachten bis Ostern hatte er keine Arbeit. Wir hatten ein paar Hühner und Kartoffeln, die hatte ich mir bei Bauern anbauen können. Dafür mußte ich bei diesen Bauern arbeiten.

Im Frühjahr 31 konnte mein Mann als Zeitarbeiter bei der Bahn anfangen.

Im August 31 mußte ich wieder einer schweren Stunde entgegensehen. Mir ging es bei der Geburt sehr schlecht. Einen Tag und eine Nacht war die Hebamme schon da und immer wieder kamen Wehen, nur das Kind kam nicht. Nun sagte die Hebamme zu meinem Mann, er muß so schnell wie möglich den Arzt holen. In Eidsberg gab es damals noch kein Telefon. Er mußte nach Deggendorf fahren, sechs Kilometer weit. Dann kam der Doktor. Er war nicht sehr guter Laune, denn es war schon abends. Er war im Gasthaus und die Unterhaltung wäre ihm lieber gewesen, als nochmals in den Dienst. Er untersuchte mich, gab mir Spritzen und ging wieder fort. Er sagte zur Hebamme, wenn die Geburt bis morgen Früh nicht vorüber ist, dann müßten wir ihn nochmals holen. Und in einer guten Stunde war das Kind da. Ich war nicht mehr bei mir selbst. Die Hebamme hatte solche Angst. Sie war ganz allein. Mein Mann mußte mit dem Arzt gehen und ihm die Tasche tragen, denn nach Eidsdorf konnte man mit dem Auto nicht hinfahren. Der Weg war zu steinig. Und bis zur Straße, wo der Arzt das Auto stehen hatte, war es eine halbe Stunde. Also eine gute Stunde hin und zurück und auch mein Mann mußte wieder ins Gasthaus, denn er konnte nicht vorbeigehen. Und nun war ich wieder bei Verstand und auch mein Mann kam endlich heim. Die Hebamme war sehr gewissenhaft und blieb noch die ganze Nacht bei mir. Der Mann mußte meine Mutter holen. Sie wohnte eine halbe Stunde entfernt. Sie machte mir wieder den Haushalt. Ich war gesundheitlich völlig fertig. Ich mußte diesmal vierzehn Tage im Bett bleiben. Die Hebamme sagte zu meiner Mutter, ich darf auf keinen Fall vorher aufstehen. Ich hätte auch nicht können.

Und nun war es endlich wieder so weit. Ich konnte den Haushalt wieder machen. Und der Bub war wieder nicht gesund. Es war ein Acht-Monate-Kind und nach drei Monaten starb er. Mein Mann konnte vier Monate auf der Bahn arbeiten und hernach bekam er nochmals Arbeit. Und mein Mann bekam von seinen Eltern eine Kuh geschenkt. Dies galt als Heiratsgut. Von dem Bauern, dem das Haus gehörte, bekamen wir soviel Grund, daß wir die Kuh füttern konnten. Es ging ein bißchen besser, weil wir selber Milch hatten. Aber leider war ich wieder schwanger. Im Januar 33 kam wieder ein Bub zur Welt. Diesmal ging es mir nicht schlecht. In ein paar Stunden war alles vorüber.

Mein Mann mußte im Winter stempeln gehen. Er bekam in der Woche sieben Mark Stempelgeld für fünf Personen. Das war wenig. Es kam Ostern und mein Mann konnte wieder auf der Bahn zu arbeiten anfangen. Er wurde sogar als Stammarbeiter eingestellt. Ich war froh, denn er konnte nun das ganze Jahr arbeiten. Und so ging der Sommer vorüber. Ich hatte ziemlich viel Arbeit, mußte schauen, wie ich das Futter für die Kuh heimbrächte. Ich hatte ja den kleinen Alois. Der war auch nicht gesund, so daß er mehr Pflege brauchte als ein gesundes Kind. Und am 15. November starb er. Er wurde zehn Monate alt und ich dachte, ich bring' ihn durch.

Der Vorarbeiter auf der Bahn sagte zu meinem Mann, es stehe ein Bahnhäusl leer, er solle sich bewerben, dann ist ihm auch die Arbeit sicher. Wir gingen nach Tiefenbach, wo das Bahnhäusl war. Es stand auf einem Hügel und man hatte schöne Aussicht. Auch ein schöner Obstgarten war da und ein großer Gemüsegarten. Mir gefiel es. Man konnte sich selber Gemüse anbauen und Obst bekamen wir auch. Mein Mann reichte bei der Bahn ein Gesuch ein und es wurde bewilligt.

Am 1. April zogen wir auf das Bahnhäusl. Und zugleich begann für mich die viele Arbeit: Streurechen für die Kuh und Steine ausklauben, denn die Schottersteine kugelten über die Böschung und das behinderte beim Mähen. Auch das Wasser mußte ich 150 Meter weit bergauf schleppen. Dabei mußte ich auch über das Gleis gehen. Das war sehr beschwerlich. Auch das Mähen und Heuen war auf den steilen Bahndämmen recht schwer. Und nun kam die Heuzeit. Ich mußte alles Heu und Grünfutter für die Kuh auf diesen Hügel mit dem Schubkarren hinaufradeln. Bei dieser Heuarbeit war ich oft so müde, daß ich ganze Nächte nicht schlafen konnte. Auch die Gartenarbeit war anstrengend. Man mußte viel gießen und das Wasser bergauf schleppen.

Aber ich tat es gerne. Wir hatten schon Kirschen. Dies war die erste Frucht.
Ich freute mich, daß man hinausgehen konnte, Kirschen angeln. Auch die
Kinder freuten sich sehr, daß wir selber Kirschen hatten. Auch Zwetschgen
hatten wir so viele, daß wir ein paar Zentner verkaufen konnten. Das war mir
schon eine große Hilfe. Denn das Geld war spärlich. Neun Mark Wochen-
lohn und dann das viele Rauchen und Saufen! Der Freitag war mein schwer-
ster Tag in der Woche. Da war auf der Bahn Zahltag. Und wenn mein Mann
Geld in der Tasche hatte, dann war sein erster Weg in die nächste Gaststätte.
Dann war das Geld schon beinahe zur Hälfte weg. Und wenn er heimkam,
dann war er oft sehr böse. Ich fürchtete mich und auch die Kinder konnten
nicht schlafen.

Es kam der 1. Oktober und ich merkte, daß es zur Entbindung kommt.
Es war das siebente Kind. Es war ein Mädchen. Ich bangte um sein Leben.
Es war wieder nicht gesund. Mein Mann gab mir die Schuld. Schuld war die
viele schwere Arbeit! Und das Essen hatte ich nicht, das eine schwangere Frau
brauchte. Aber ich brachte das Kind durch.

Und so ging der Winter vorüber und der Frühling kam wieder und zugleich die schwere Arbeit: Streurechen (ich mußte auch die Streu mit dem
Schubkarren heimradeln), die Maulwurfshaufen zerrechen und die Steine
ausklauben. Auch der Garten mußte gemacht werden. Und dann kam wieder
die Heuzeit und das Heuradeln. Die Kinder mußten nach Grafling in die
Schule, eine gute Wegstunde entfernt. Die Straße war so rauh, daß sie auch
im Sommer nicht barfuß laufen konnten. Auf den Bahndämmen wuchsen
die Erdbeeren. Wenn die Ottilie Zeit hatte, ging sie in die Erdbeeren. Die
konnte sie an eine Frau verkaufen – obwohl sie und der Xaverl sie selber
gerne gegessen hätten – so konnte sie sich dann ein Kleidstück kaufen. Denn
mein Mann hatte kein Einsehen, daß auch die Kinder Kleider und Schuhe
brauchten. Wenn sie von der Schule heimkamen, gingen sie nachmittags in
die Heidelbeeren. Da ging dann auch der Bub mit. Wenn sie fleißig waren,
brachten sie sechs bis sieben Pfund zusammen, das Pfund kostete zehn Pfen-
nig. Und wenn dann die Zeit kam, daß die Himbeeren reif wurden, dann
bat ich meine Mutter, daß sie mir auf die kleine Hildegard aufpaßt und dann
ging ich auch mit. Wir mußten eine Stunde bergauf gehen. Der Wald hieß
„Totenacker". Auf diesem Berg wurden nämlich im Dreißigjährigen Krieg
viele Schweden erschlagen. Wenn es viele Himbeeren gab, brachten wir zwölf
bis fünfzehn Mark zusammen. Für die Himbeeren wurden zehn Mark be-

zahlt. Es war recht mühselig, denn wo die Himbeeren wuchsen, war es sehr steinig. Dann kam die Schwammerlzeit. Da hatten die Kinder mehr Zeit, weil da die Ferien waren. Nur kannten sie die Plätze nicht so gut, denn die Schwammerln wachsen nicht überall. Das war mir schon eine große Hilfe, denn es waren billige Mahlzeiten. Man konnte die Schwammerln auch trocknen. Die waren auch im Winter gut. Es gab dann Hefenteignudeln und Schwammerln.

Es kam die Zeit wieder zum Grummet heuen. Und dann die Kartoffelernte. Wir bekamen so viele, daß wir ein Schwein füttern konnten. Und wir konnten zu Weihnachten selber schlachten. Da brauchten wir mit dem Essen nicht mehr so sparen. Und es kam der Winter wieder mit viel Schnee. Und ich mußte viel Schnee schaufeln, bis ich jeden Tag zum Brunnen kam, wo ich das Wasser holen mußte. Und das Frühjahr kam wieder mit den vielen Arbeiten: Streurechen, Steine klauben, die Maulwurfhaufen zerrechen, den Garten bepflanzen. Und nun mußte ich wieder einer schweren Stunde entgegensehen. Es kam der 28. April und es kam wieder ein Bub zur Welt. Die Mutter versorgte mir wieder den Haushalt. Mir bangte vor der vielen Arbeit. Denn das Kind mußte gepflegt werden, mehr waschen und all die anderen Arbeiten. Die Mutter kam öfter zu mir und versorgte mir die Kinder, damit ich draußen die Arbeit verrichten konnte. Die Bäume blühten wieder so herrlich. Die Kinder und ich freuten uns denn es würde bestimmt wieder viel Obst geben. Man konnte sich ja keines kaufen, das Geld war zu wenig.

Im Jahre 37 ist nichts Besonderes zu verzeichnen: Halt die täglichen Arbeiten und die schwere Heuzeit, das Schubkarrenradeln auf diesen Buckel hinauf- Nun mußte ich leider erkennen, daß ich wieder schwanger bin. Ja wie sollte das weitergehen? Ich rechnete nach, daß ich im Januar niederkommen werde. Wer sollte das Wasser holen? Die Mutter würde mir den Haushalt versorgen, aber das Wasser konnte sie nicht mehr holen. Sie war ja längst über siebzig Jahre alt. Ich redete mit meinem Mann, aber er zeigte wenig Interesse. Er brauchte ja das Wasser nicht zu holen. Es war August und ich machte mich auf den Weg zum Bahnmeister. Ich bat ihn um Hilfe und erklärte ihm alles. Er sagte: „Wo soll ich Wasser hernehmen, wenn keines da ist?" Ich sagte ihm, daß eine Quelle da ist, man könnte das Wasser richten. Er sagte: „Die Bahn hat kein Geld." So sagte ich: „Andere Frauen haben das Wasser vor dem Haus oder gar in der Küche und brauchen auch nicht mehr Wohnungsgeld zahlen. Wenn das so weitergeht, dann muß ich die Wohnung kündigen.

Ich kann das nicht mehr machen." Ich bat ihn um Verständnis. Noch am selben Tag sagte er zu meinem Mann, ob das Weibersache sei. Sollte sich da nicht der Mann kümmern? Das hat meinen Mann recht geärgert, weil ihn der Meister so herabgesetzt hat. Es war ein Freitag und Zahltag. Er kam wieder mit einem Rausch heim und machte mir schreckliche Vorwürfe. Aber in ein paar Tagen kam der Meister, ich zeigte ihm die Quelle und er versprach, mir das Wasser zu richten. Es kam Allerheiligen und es rührte sich nichts. Ich sagte zu meinem Mann: „Ja was ist es mit dem Wasser? Es wird kalt und es gefriert, so daß man nicht mehr graben kann." Mein Mann sagte es seinem Vorarbeiter und der riet ihm, nach Plattling zu fahren zum Bahnrat. In ein paar Tagen kamen dann einige Männer und fingen endlich zu graben an. Es dauerte den ganzen November und Dezember, bis sie mit dem Wasser fertig wurden. Nach Neujahr war es endlich so weit, daß wir im Waschhaus das Wasser pumpen konnten. Wir brauchten nicht mehr Wasser schleppen und auch nicht mehr so sparen.

Ich hatte wieder eine schwere Zeit vor mir. Es kam die Zeit zur Entbindung. Es ging einigermaßen gut vorüber. Meine Mutter machte mir die Hausarbeit. Es war wieder ein Bub und wir tauften ihn auf den Namen Wilhelm. Er war zwar klein, aber er wuchs und war gesund. Und mit elf Monaten hat er schon laufen können. Ich bat meinen Mann, er soll den Kindern Schaukeln machen, damit sie sich unterhalten können und mir mehr aus dem Wege gehen.

Und so ging das Jahr 38 vorüber und es kam wieder Frühling und es kam wieder die gleiche Frühjahrsarbeit. Und die Heuzeit kam wieder: Das Mähen und das Heuen, das Schubkarrenradeln auf diesen Buckel. Ich mußte meine ganze Kraft aufwenden, um es noch machen zu können. Denn ich war wieder in anderen Umständen und hatte so viele Beschwerden. Vier Wochen hatte ich Blutungen und ich glaubte oft, nicht mehr arbeiten zu können – so fertig war ich. Am 13. Juli war es so weit. Mein Mann arbeitete in Deggendorf. Ich schickte den Sohn Xaverl nach Grafling zur Hebamme. Sie kam und ich erkannte, daß sie selber Angst hatte. Im Laufe des Nachmittags kam ein Bub zur Welt. Aber er lebte kaum zehn Minuten. Sie hat ihn notgetauft. Und nun ging die Nachgeburt nicht weg. Ich war schon so fertig. Ich wollte schlafen, aber sie sagte, auf keinen Fall darf ich schlafen. Sie schickte den Xaver nach Deggendorf zu meinem Mann: Er muß sofort den Arzt holen. Vom Bahnhäusl nach Deggendorf ist es eine Stunde zu gehen. Sie sagte zu dem

Buben: So schnell als er laufen kann, soll er laufen. Und nun endlich kam der Arzt. Sie gingen in die Küche und redeten miteinander. Er untersuchte mich und gab mir eine Spritze. Nach kurzer Zeit kam eins nach. Es war ein Mädchen. Auch das taufte die Hebamme gleich. Und auch das schloß für immer die Augen. Ich weinte, weil ich so elend und fertig war. Ich dachte, es geht dem Ende zu. Ich dachte an meine Kinder: Wie wird es ihnen ergehen, wenn sie keine Mutter mehr haben? Der Arzt tröstete mich und sagte mir, genau wie die zwei hier liegen, könnte ich auch da liegen und ich hätte noch vier Kinder und so genügt es. Er blieb noch eine Weile. Dann ging er und sagte zu der Hebamme, sie soll noch eine Zeit bleiben. Aber kaum war der Arzt fort, so ging sie auch. Ich bekam von neuem Blutungen, aber Gott sei Dank, es ging vorüber. In meiner Angst rief ich Gott und alle Heiligen an und ich glaube, es hat geholfen.

Indessen ist auch mein Mann heimgekommen. Er schickte den Xaverl zu meiner Mutter. Es war schon spät abends. Aber sie kam und kochte und machte wieder die ganze Arbeit. Ich konnte diesmal nicht nach acht Tagen aufstehen und die Mutter blieb noch ein paar Tage. Die zwei Kleinen wurden am Sonntag in Grafling beerdigt. Nun, ich stand wieder auf und machte meine Arbeit wieder weiter. Ich konnte es fast nicht glauben, daß ich kein Kind betreuen brauchte.

Und nun brach noch der unselige Krieg aus. Mein Mann brauchte nicht in den Krieg. Er mußte von der Bahn nach Köln, einen Kurs mitmachen, wenn der Feind wirklich ins Land käme, wie man Brücken sprengt. Er nahm fast den ganzen Lohn mit. Ich hatte noch acht Mark für die Woche. Er war die ganze Woche fort und am Samstag kam er wieder mit einem Rausch. Geld, sagte er, hat er kein's gekriegt. Am Sonntag ging er nach Berg in die Kirche und am Montag kam er um drei Uhr so betrunken heim, daß er kaum stehen konnte. Am Sonntag abends mähte ich mir das Futter und am Montag bin ich um halb drei Uhr aufgestanden und holte mir das Futter heim und fütterte. Dann hab ich die Ottilie geweckt und den Xaverl. Inzwischen ist meine Mutter gekommen. Sie machte mir wieder den Haushalt und versorgte die Kleinen. Um fünf Uhr früh gingen wir von zu Hause weg auf den Dreitannenriegel in die Heidelbeeren. Wir schufteten den ganzen Tag und hatten uns neun Mark verdient. Und nun hatte ich wieder ein paar Mark für diese Woche. Der Weg hin und zurück dauerte gute fünf Stunden. Ich konnte die ganze Woche nicht mehr gehen. Ich hatte keine Zeit mehr fürs Beerenholen und den Kindern konnte ich die Beschwerden nicht mehr aufbürden.

Dann kam das Grummetheuen. Die Kartoffeln mußten in den Keller. Wir hatten ein Tagwerk Feld gepachtet und wir bekamen ziemlich viel Kartoffeln. Ich hatte viel zu tun, bis ich sie allein in den Keller brachte. Man spürte auch den Krieg schon an allen Ecken und Enden. Ich war froh, daß wir soviel Kartoffeln hatten. Ich hatte ein Schwein gekauft und das war mir schon eine große Hilfe, wenn man selber schlachten konnte.

Und so ging der Winter vorüber. Er war sehr streng, brachte viel Schnee und Kälte. Und es wurde Frühling und zugleich kam die viele Arbeit. Auch hatten wir viel Astholz bekommen. Ich mußte nun auch Reisigbürden hakken. Wenn man fleißig ist, bringt man an einem Nachmittag 25 Stück zusammen. Und nun kam wieder das Mähen und Heuen. Kartoffeln hatten wir wieder angebaut und so ging es den ganzen Sommer dahin mit Arbeit.

Es kam der Herbst und ich mußte wieder einer schweren Zeit entgegensehen. Ich war wieder schwanger. Am 13. November kam wieder ein Bub zur Welt. Es ging diesmal gut vorüber. Wieder mehr Arbeit und Sorgen. Aber eine Sorge war ich los: Es gab kein gutes Bier mehr und auch in den Gasthäusern war nichts mehr los. Es waren ja viele Männer im Krieg. Leider gab es auch keine Zigaretten mehr. Da war mein Mann oft so grantig. Meine Tochter sagte: „Wenn ich nur wüßte, wo man Zigaretten bekommt! Das letzte Stück Brot gäbe ich her!" Wir bauten dann selber Tabak an und er konnte Pfeife rauchen.

Nun, wir hatten schon vier Jahre Krieg. Man schrieb das Jahr 44. Ich hatte soviel Herzbeschwerden. Ich mußte operiert werden. Ich hatte einen Kropf. Schweren Herzens ging ich von zu Hause von den Kindern weg. Ich wußte ja nicht, ob ich es überstehen würde. Es war der 16. Februar. An diesem Tag wurde ich operiert. Aber ich wachte so lange aus der Narkose nicht auf. Zwei Nächte und einen Tag hab ich geschlafen. Als ich endlich aufwachte, standen zwei Ärzte und eine Schwester an meinem Bett. Die Schwester machte alles Mögliche, um mich aufzuwecken. Der Arzt sagte: „Gott sei Dank, jetzt ist sie aufgewacht!" Ich lag vier Wochen im Krankenhaus. Die Wunde wollte nicht heilen. Ich mußte dann heim, weil kein Platz mehr war. Es kamen soviel verwundete Soldaten. Nun, Gott sei Dank, war ich zu Hause. Die Tochter Ottilie besorgte den Haushalt. Sie war ja schon im 18. Lebensjahr. Auch meine Schwester Viktoria half ihr bei der Arbeit. Aber leider heilte mir mein

Hals nicht. Ich bekam so starke Schmerzen und der Hals war voller Eiter. Ich mußte nochmals ins Krankenhaus und ein zweites Mal operiert werden. Diesmal ging es besser. Ich durfte schon nach drei Wochen heim.

Und nun ging die Arbeit wieder weiter. Ich hatte ja die Tochter Ottilie, die mir viel helfen konnte. Wir hatten nochmals ein Tagwerk Feld gepachtet und wir konnten etwas Weizen und Hirse anbauen. Man bekam nur mehr wenig auf Marken. So war das eine große Hilfe, wenn man selber etwas hatte. Der Xaver hat in Hengersberg eine Lehrstelle erhalten. Er wurde Schmied. Er kam nur sonntags heim. Er mußte zum Arbeitsdienst und dann noch in den Krieg. Er war nicht einmal siebzehn Jahre alt. Er kam nach Pilsen. Durch Zufall brauchte er nicht mehr an die Front. Er wurde von den Amerikanern gefangen und kam am heiligen Pfingsttag heim. Er mußte von Passau bis Deggendorf zu Fuß gehen, weil noch kein Zug fuhr. Er war so ausgehungert, denn sie bekamen sieben Tage nichts zu essen. Das erste, was sie erhielten, war eine Erbsensuppe ohne Salz. Dann bekamen sie jeden Tag einmal etwas zu essen. Viele hatten es nicht überstanden und mußten, obwohl schon Friede war, sterben. Xaver hatte einen Schulkameraden getroffen. Dieser war Schmied. Sie kamen zugleich nach Hause. Xaver konnte nicht gleich zu arbeiten anfangen. Er war zu schwach. Erst nach Wochen konnte er bei seinem Meister zu arbeiten beginnen. Und im Herbst bekam er in Deggendorf Arbeit bei der Donaubrücke. Die hatten die Amerikaner gesprengt. Als dann die Arbeit zu Ende ging, konnte er in Offenberg bei einem neuen Meister wieder anfangen.

Die Ottilie war inzwischen 21 Jahre alt geworden und heiratete einen entfernten Nachbarssohn. Sie bekam in der Nähe eine schöne Wohnung und konnte mir noch viel helfen. Und nun kam das Jahr 47. Es war ein schlechtes Jahr. Im Frühjahr war es schon trocken und im Sommer regnete es über zehn Wochen keinen Tropfen. Auch im Herbst regnete es ganz spärlich. Wir mußten eine Kuh verkaufen und ich wußte nicht, wo ich für die einzige Kuh noch Futter herbekommen sollte. Auch das Wasser war so knapp. Ich konnte den Garten nicht mehr gießen. Ich hatte nur mehr ein paar gelbe Rüben und etwas Petersilie. Der Kuh mußten wir Eichenlaub füttern und das war nicht gut für sie. Oft nahm ich den Buckelkorb, ging auf den „Totenacker" und schnitt mir mit der Sichel die Himbeerstauden zusammen. Auch ein kleinerer Graben war da und da gab's noch manches Büschel Gras. Auch die Kartoffeln waren so wenig und so klein, daß man sie kaum schälen konnte. Und alles gab's noch auf Marken. Es war noch schlimmer als im Krieg.

Ich konnte auch nicht mehr zu Bauern gehen, daß ich ein wenig Lebensmittel erhalten hätte. Ich war 44 Jahre alt und mußte das zwölfte Kind erwarten. Gesundheitlich war ich gänzlich fertig. Und am 24. Januar kam ich ins Wochenbett. Es ging mir gar nicht gut. Die Tochter machte mir den Haushalt. Wie war mir das peinlich: Schon so große Kinder und nochmals ins Wochenbett! Wir hatten auch keine Kuh mehr. Wir mußten sie notschlachten. Durch das viele Laubfüttern hat sie Euterentzündung bekommen. Wir konnten uns keine Kuh mehr kaufen. Wir hatten ja kein Futter mehr. Auch der kleine Aloisl, wie wir ihn tauften, war alles nur nicht gesund.

Der Sohn Xaver wurde 21 Jahre alt und heiratete. Mir war es nicht recht. Er hatte in Kandlbach die Hochzeit. Ich konnte nicht einmal auf die Hochzeit gehen, weil ich gesundheitlich total fertig war. Wir bekamen zwei Liter Milch in der Woche für sechs Personen. Nur eine Bäuerin erbarmte sich unser und gab in der Woche ein paarmal etwas Magermilch.

Und so ging das schwere Jahr 47 vorüber und nun kam der Frühling und es grünte wieder und im Mai konnten wir wieder eine Kuh kaufen. Und ich hatte wieder Milch für die Familie. Der kleine Alois war gar nicht gesund. Er trank sehr wenig und ist auch nicht gewachsen. Der Arzt sagte, ich soll ihn in ein Säuglingsheim geben, aber ich wollte nicht hören. Dann kamen meine zwei Schwestern Margret und Anna auf Besuch und sagten, es würde bestimmt dem Kind gut tun. Ich brachte ihn nach Landshut ins Heim. Vier Monate war er droben und hat nur 220 Gramm zugenommen. Er war sieben Monate alt und hatte nicht einmal ganze acht Pfund. Der Arzt sagte mir, es wäre halt das Beste, wenn er sterben könnte. Ja, ich kann ihn ja nicht umbringen! Und so ging es dahin, und auf einmal fing er zu wachsen an und er gedieh. Er war 18 Monate alt und wog 20 Pfund. Und eines Tages kam es wieder über ihn. Er wurde so blaß, bekam blaue Lippen und trank die Flasche nicht mehr. Nur Durst hatte er. Ich hatte Fruchtsaft und das war das einzige, das er zu sich nahm. Wir blieben noch länger auf. Ich hatte noch zu arbeiten. Der Alfred hatte den Kleinen noch auf dem Schoß und nun sagte er: „Mama, der Kleine hat jetzt Hunger, weil er jetzt den Schnuller mag!" Ich kochte eine Flasche Milch und er trank es mit solcher Hast. Nun sagten wir: Es geht wieder vorwärts, weil er Appetit hat. Ich nahm ihn, legte ihn in sein Bettchen und sagte: „Jetzt wird er schlafen." Und kaum hatte ich ihn hingelegt, mußte er alles erbrechen. Ich nahm ihn schnell heraus und nach ein paar Minuten verschied er. Es tat uns wirklich leid, weil er schon so lieb war. Es war ein Freitag und am Sonntag wurde er beerdigt. Und als ich es dem Arzt sagte, meinte er: „Frau, sind Sie froh! Dem Kind hat's im Rückgrat gefehlt. Er hätte nie gehen können." Nun war ich herzlich froh. Was wäre das für ein Kind, wenn es zusehen müßte, wie die Kinder herumtollen und er müßte sitzen bleiben.

Als dann das Heuen vorüber war, gingen ich und die Kinder wieder fest in die Heidelbeeren und in die Himbeeren. Auch die Schwammerln wuchsen gut und wir hatten wieder besseres Essen. Auch hatten wir wieder Obst. Es gab mehr Kartoffeln, obwohl der Regen immer fast zu wenig war. Aber es ging schon. Und nun kam der Winter. Aber er war nicht kalt und es gab auch nicht so viel Schnee. Denn wir hatten strenge Winter hinter uns. Und es kam der Frühling und zugleich die viele schwere Arbeit, aber die Buben halfen mir schon viel und es war für mich nicht mehr so schwer. Aber leider kam die Zeit und es gab wieder gutes Bier! Ich flehte meinen Mann mit gefalteten Händen, er möge das Laster lassen und nicht mehr dem alten Übel nachgehen. Aber leider wurde es noch schlimmer als zuvor. Die Kinder liebten ihn nicht mehr und er die Kinder nicht. Es war zum Verzweifeln. Wenn er mit seinem Rausch heimkam, machte er eine Gaudi, als wären wir die größten Verbrecher. Nur er war recht.

Wenn es die Zeit erlaubte, gingen ich und die Kinder in die Beeren und in die Schwammerln und wir verdienten uns wieder etwas Geld und es ging wieder. Leider mußte ich feststellen, daß die Ehe meiner Tochter nicht gut war. Ihr Mann trank zwar nicht, aber er hatte keine Liebe zu ihr. Und was das Schrecklichste war, ich mußte feststellen, daß meine Tochter Hildegard schwanger ist. Sie war im 16. Lebensjahr. Wie kann das sein? Sie ist ja nie fortgekommen! Nur der Mann von der Ottilie kam täglich zu uns, weil mein Mann eine Werkbank hatte und da bastelte er immer was zusammen. Und ich mußte erleben, daß er der Vater ist. Am 1. Oktober ist Hilda sechzehn Jahre alt geworden und Ende Oktober gebar sie das Kind. Und in derselben Woche gebar die Ottilie auch ein Kind. Was war das: Zwei Schwestern, zwei Kinder und nur einer der Vater! Was war das für mich die Mutter! Ich hatte einen Sommer hinter mir – ich kann es niemandem sagen, was ich geweint habe. Viele Nächte hab ich kein Äug zugemacht – ich konnte nicht schlafen. Ich dachte mir: Was wird der Mann sagen, wenn er es erfährt! Und noch das

Saufen! Es war auch wirklich noch schlimmer. Er hat noch mehr gewettert, wenn er heimkam.

Da kam eine Säuglingsschwester und sagte mir, ich brauche das Kind nicht behalten. Das kann mir niemand zumuten. Es kommt in Pflege. Ich wollte nicht hören. Das Kind konnte ja nichts dafür. Und jetzt sagte sie mir das Kind kommt zur Frau Schuster in Pflege. Die hatte schon ein größeres Pflegekind. Die Hilda mußte in Stellung und die Hälfte von ihrem Lohn hatte sie für das Kind herzugeben. Die andere Hälfte mußte der Vater des Kinds bezahlen. Meinem Mann war alles nicht recht, weil er mit Frau Schuster auf Kriegsfuß stand. Doch wir wurden alle vorgeladen und dann sagte dieser Mann, er hätte gar nichts zu reden. Ein Mann mit so wenig Charakter, den kann man als Vormund nicht brauchen. Und er ging an diesem Tag auch heim und machte keine Gaudi. Am anderen Tag holte meine Schwester das Kind. Hilda ging noch mit und verabschiedete sich. In den nächsten Tagen fuhr Hilda in Stellung. Zum Glück starb dann das Kind mit vier Monaten. Es war ein Bub. Und so hatte ich wieder ein sehr schweres Jahr hinter mir.

Der Alfred ist inzwischen vierzehn Jahre alt geworden und kam schon aus der Schule. Ich dachte, er soll ein Handwerk lernen. Er wollte Schmied oder Schlosser werden. Wir gingen aufs Arbeitsamt und zu vielen Meistern, aber alles umsonst. Er sagte: „Ich will gar nichts mehr lernen." Und zum Glück bekam er anderswo Arbeit. Er fuhr nach München und arbeitete dort ein paar Jahre. Dann konnte er auf der Bahn anfangen und kam zum Fahrdienst. Er ist bis heute noch dort.

Und der Willi kam nun aus der Schule und brauchte auch eine Lehrstelle. Er hatte ein sehr gutes Zeugnis. Der auf dem Arbeitsamt sagte, mit einem solchen Zeugnis müsse man eine Lehrstelle bekommen. In einer Woche sind wir fünfmal nach Deggendorf gegangen, von Meister zu Meister – aber vergebens. Willi wollte Schreiner werden, aber er sagte: „Es ist mir gleich, ob ich eine andere Lehrstelle bekomme. Die Hauptsache ist, ich kann was lernen." Der Berufslehrer sagte ihm, er schaut sich um. Und wirklich: Wir mußten am Sonntag nach Deggendorf gehen, zuerst in die Kirche und dann zum Schneidermeister Müller. Zum Glück konnte er anfangen. Aber als die Lehrzeit um war, stellte ihn der Meister aus. Er hatte zu wenig Arbeit. Ein Freund von uns arbeitete in Stuttgart und vermittelte ihm eine Arbeit bei einem Schreinermeister. Ich war sehr froh. Er konnte sich selber was verdienen.

Nun hatte ich noch den Rudi. Ich sagte, er solle Schneider werden, weil er ein bißchen klein war. Und ich las in der Zeitung, daß ein Schneiderlehrling in Deggendorf gesucht wird. Als Rudi von der Schule heimkam, sagte ich es ihm und schickte ihn gleich am Nachmittag hin. Ich hatte unmöglich Zeit, denn es war Heuzeit. Und zum Glück konnte er anfangen. Als ich Zeit hatte, ging ich dann selber hin und machte es fix.

Der Willi konnte jetzt auf der Deggendorfer Werft anfangen. Ich war froh und er selber auch. Denn daheim lebte er ja doch billiger. Er war sehr sparsam und fleißig. Der Alfred heiratete mit 22 1/2 Jahren. Es war mir auch nicht ganz recht, weil er noch so jung war. Aber er sagte: „Es ist das Beste, denn der Vater läßt sein Trinken nicht, und ich müßte ihn einmal erschlagen. Ich bin froh, wenn ich nichts mehr seh und hör!"

Der Willi ist inzwischen 22 Jahre alt geworden und hatte sich schon zehntausend Mark erspart. Er lernte auch ein Mädchen kennen und die bekam von ihren Eltern einen Baugrund. Der Willi und sie bauten sich ein Haus. Und am 5. Mai 1962 heirateten sie. Sie hatten eine schöne Hochzeit gehalten und viele Freunde und Bekannte eingeladen. Willi bekam noch ziemlich viel Geld geschenkt, sodaß er das Haus weiter bauen konnte. Das Geld reichte nicht ganz. Wir hatten zwei Kühe und eine Kalbin. Ich sagte zum Willi: „Wir verkaufen eine Kuh und das Geld bekommst du." Nun, es war ein Samstag. Da kam ein Händler und kaufte uns die Kuh ab. Er bezahlte 1100 Mark. Wir aßen dann zu Mittag. Mein Mann zog sich um und ich merkte, daß er das Fortgehen im Sinn hat. „Wo willst du hin?" – „Ins nächste Gasthaus." – „Ja, du kannst schon gehen, aber nicht mit dem Kuhgeld!" Wir stritten lange und ich sagte; „Wenn du mit dem Kuhgeld fortgehst, dann holt dich am Abend die Polizei. Glaubst du, ich arbeite und schufte die ganze Woche und du darfst das Geld versaufen!" Mit Ach und Krach gab es mir. Er ging fort und sagte, er hängt sich auf, weil er nicht das geringste Recht besitzt, sich das Geld zu behalten. Ich ging dann aufs Feld, weil wir ziemlich viel Runkelrüben angebaut hatten. Und die mußten gehackt werden, damit ich auch im Winter gutes Futter für die Kuh hatte. Mein Mann kam nicht heim und am Sonntag auch nicht. Die Buben wußten schon, wo er war. Er ging von Gasthaus zu Gasthaus. Der Willi ging zur Polizei und sagte, daß er gesagt hat, er hängt sich auf. Nun, er war der Polizei auch schon bekannt und sie sagten, wir brauchen keine Angst haben, denn wenn einer so viel Geld verbrauchen darf, der erhängt sich nicht. Ihr braucht keine Sorgen zu haben, die ganze Woche ist er von Gasthaus zu Gasthaus gegangen. Am Montag früh lag er

im Stadel. Am Sonntag kamen der Alfred und der Xaver heim und sagten: „Es ist gut, daß wir nicht mehr daheim sind. Wir würden ihn erschlagen." Er kam voll Dreck und Bart. Er sah aus wie ein Schwerverbrecher. Er kümmerte sich nicht, wie ich das Futter heimbringe. Ich hatte keine Schneide mehr an der Sense. Ich mußte sie zum Nachbarn tragen, damit mir dieser die Sense dengelt. Ich gab dem Willi das Geld. Wir brauchten ja keine Kuh mehr kaufen, weil ich schon eine Kalbin großgezogen hatte. Und in der nächsten Zeit hatten wir wieder zwei Kühe.

Mein Mann bekam schon die Rente, weil er ein Fußleiden hatte. Er hatte also noch mehr Zeit für das Gasthaus. Er wollte mir bei der Arbeit nicht mehr helfen. So ging es weiter. Der Alfred kam abends nach der Arbeit und half mir, das Futter heimbringen, beim Heuen, bei den Runkelrüben. Er wollte das Bahnhäusl kaufen. „Ihr könnt die Arbeit nicht mehr machen", meinte er. Aber wohin sollten wir gehen? Der Alfred kaufte sich das Bahnhäusl und wir zogen zum Sohn Willi. Wir hatten zwei Zimmer, Bad und Abort. Am 15. Oktober zogen wir vom Bahnhäusl weg. Ich mußte weinen. Mir war so schwer, denn wir lebten dreißig Jahre im Bahnhäusl. Viel schwere Arbeit hatte es gegeben, aber wir hatten doch keine so große Not gelitten, denn wir hatten selber Milch, Butter und jedes Jahr Obst. Wie wäre es uns ergangen, hätten wir das nicht gehabt?

Und nun verging der Winter und ich hatte nicht mehr viel zu tun. Und als das Frühjahr kam, ging ich viel auf das Bahnhäusl und half dem Alfred arbeiten. Die Schwiegertochter hatte schon vier Kinder und konnte nicht so viel arbeiten. Ich machte noch fast die ganze landwirtschaftliche Arbeit. Auch hatte ich für sie noch ein paar hundert Reisigbürden gehackt. Und nun ging wieder ein Sommer zu Ende.

Ich hatte im Winter nicht mehr viel zu tun. Mein Mann hatte noch mehr Zeit. Er ging viel ins Gasthaus und noch mehr Geld verbrauchte er für's Rauchen, obwohl der Arzt sagte, sein Fußleiden kommt nur von dem vielen Rauchen. Und im Juli 67 kam er ins Krankenhaus. Es wurde ihm der linke Fuß am Knie abgenommen. Er lag vier Monate im Krankenhaus. Ich ging wieder viel zum Alfred und half ihm arbeiten. Und im Oktober kam mein Mann vom Krankenhaus heim. Nun konnte er nicht mehr oft ins Gasthaus gehen, im Winter überhaupt nicht. Im Schnee konnte er mit den Krücken nicht gehen. Aber am Sonntag mußte ihn der Willi nach Tiefenbach ins Gasthaus fahren und dann wieder holen. Aber er trank auch zu Hause viel Bier: jede Woche drei Kisten, das waren sechzig Flaschen.

Inzwischen hatte der Alfred die Landwirtschaft aufgegeben. Sie wollten sich nicht mehr plagen. Der Lohn ist ja mehr geworden und der Alfred trank nicht und rauchte nicht. Es langte auch so. Ich brauchte nicht mehr helfen. Ich ging dann noch in die Arbeit. Ich konnte im September in der Sauerkrautfabrik in Deggendorf zu arbeiten anfangen. Ich arbeitete sechzehn Wochen und verdiente mir in der Woche 86 Mark. Ich konnte mir verschiedenes kaufen: Ich kaufte mir einen Elektroherd. Das war meinem Mann nicht recht, aber es war mein Geld und er konnte nichts machen. Zu rauchen hatte er nicht aufgehört und nun sollte ihm auch noch der zweite Fuß abgenommen werden. Ich ging mit ihm ins Krankenhaus und fragte den Arzt, ob das wirklich sein muß. Der Arzt sagte mir, sie probieren es und setzen ihm künstliche Adern ein, damit das Blut wieder durch kann. Leider ist die Operation nicht gelungen. So war er nur mehr auf den Rollstuhl angewiesen.

Ich ging dann vier Saisonen in die Krautfabrik und verdiente mir noch ein schönes Geld. Die Schwiegertochter versorgte mir tagsüber den Mann. Und so gingen die Jahre dahin.

Im Jahre 76 fiel mein Mann vom Rollstuhl und brach sich den Fuß dreimal. Er mußte wieder ins Krankenhaus, aber sie nahmen ihm den Fuß nicht ab. Sie schickten ihn wieder heim und er bekam so viele Schmerzen, daß wir nicht mehr wußten, was wir machen sollten. Zu dritt mußten wir zusammenhelfen, daß wir ihm das Bett machen konnten. Ich konnte ihm keine Spritze geben, wie er sie im Krankenhaus bekommen hatte. Und Tabletten durfte ich ihm nicht so viele geben. Ich war auch so fertig. Ich kam ja die vierzehn Tage, seit er vom Krankenhaus zu Hause war, kaum ins Bett. Wir holten den Arzt. Der sagte: „Sofort ins Krankenhaus; der Fuß muß weg." Oberhalb des Knies haben sie ihm den Fuß abgenommen und in acht Tagen schickten sie ihn wieder heim. Zum Glück heilte der Fuß sehr schnell. Nun konnte er nicht mehr rauchen und auch nicht mehr trinken, höchstens drei bis vier Halbe im Tag.

Und so ging wieder ein Jahr dahin. Und das Geld reichte nun, denn er konnte das Rauchen nicht mehr vertragen. Und im März 78 ist er überraschend schnell gestorben. Er bekam Herzbeschwerden und sagte, wir sollten den Arzt holen. Dieser kam schnell und sagte: „Sofort das Sanitätsauto holen!" Auch das war schnell zur Stelle. Willi fuhr dann mit ins Krankenhaus. Es war neun Uhr abends und um zwölf Uhr ist er dann verschieden. Es war der 4. März 1978. Und am 7. März wurde er in Grafling beerdigt.

Auch ich war gesundheitlich total fertig. Ich ging zum Arzt und er sagte mir, ich muß sofort ins Krankenhaus. Ich brauche einen Herzschrittmacher. Ich wollte nicht. Ich fuhr mit dem Taxi nach Hause. Aber der Arzt rief sofort meinen Sohn Willi am Arbeitsplatz an. Der Willi fuhr gleich heim und sagte mir: „Es hilft nichts, du mußt sofort ins Krankenhaus." Ich packte die nötigsten Sachen zusammen und fuhr mit. Und am anderen Tag bekam ich einen Herzschrittmacher. Es war der 8. Mai und am 30. Mai wurde ich wieder entlassen.

Ich hätte jetzt die schönste Zeit meines Lebens, wenn ich nicht ein so schweres Fußleiden hätte. Nur mit größter Kraftanstrengung kann ich meinen Haushalt machen.

Und nochmals zurück: Der Sohn Rudi hatte zum Militär müssen und auch er heiratete im November 1963. Das Mädchen, das er heiratete, war die einzige Tochter. Sie hatte ein kleines Anwesen mit zwanzig Tagwerk Grund. Rudi hatte die beste Partie von allen meinen Kindern gemacht. Aber leider hatte er das Blut seines Vaters. Ich merkte es schon in seinen Lehrjahren. Er fing zu rauchen an. Abends kam er nicht rechtzeitig heim. Und wenn ich dann zu seinem Vater sagte: „Das kann nicht geduldet werden", dann sagte er bloß: „Sollen sie alle um deinen Rock rum sein, laß ihm seine Freiheit!"

Xaver, Alfred und Willi rauchen nicht und saufen nicht. Ich hab immer gesagt: „Laßt das Rauchen und das Trinken." Und sie folgten mir auch. Jeder arbeitete fleißig und sparte sehr. Der Xaver hat zwar zehn Kinder, aber er baute sich ein schönes Haus in Steufen, weil er dort Arbeit bekommen hatte. Der Alfred hat vier Kinder und er hat sich auch neben dem Bahnhäusl ein schönes Haus hingebaut. Denn das Bahnhäusl war nicht mehr in Ordnung. Der Xaver hat sich inzwischen ein Zweifamilienhaus gebaut und hat das andere dem ältesten Sohn übergeben. Sieben seiner Kinder sind schon verheiratet und sechs davon haben selber ein Haus. Auch die Ottilie hat ein Zweifamilienhaus in Deggendorf. Am Himmelreich heißt es dort. Die Tochter Hilda ist in München. Der Mann ist im Schleißheimer Schloß angestellt. Und sie betreibt nebenher noch eine Gastwirtschaft. Sie hat fünf Kinder und sie können ihr schon viel helfen. Der Willi hat inzwischen sein Haus in Neuwühn verkauft und baute sich in Tiefenbach ein Zweifamilienhaus. Ich wohne wieder bei ihm und habe eine größere Wohnung, die ist sehr schön.

Der Rudi hat drei Kinder, zwei davon können sich selbst schon ihr Brot verdienen. Die Frau mußte die Hälfte des Grundes verkaufen, um das Haus wieder instand zu setzen. Die Landwirtschaft hat sie aufgegeben und geht halbtags in die Arbeit. Rudi ist noch viel schlimmer als sein Vater. Er raucht und sauft noch mehr. Und er macht noch mehr Gaudi, wenn er heimkommt. Ich sage mir, wo ist da unser Staat. Würde sich der um solche Familien besser kümmern, dann wäre es besser für die Frauen und die Kinder. Für solche Männer brauchte man ein Arbeitshaus, wo sie fest arbeiten müssen, ohne Rauchen und ohne Bier. Aber leider kümmert sich unser Vater Staat nicht um solche Familien. Und das Geld, das sie verdienen, sollte den Frauen und Kindern zugeteilt werden.

Auch die Arbeiter sind nicht mehr zufrieden. Die möchten hohe Löhne, wenig arbeiten und in Wohlstand leben. Wenn ich da zurückdenke an die Zeit vor dem Ersten Weltkrieg! Ich war damals elf Jahre alt, aber ich weiß noch genau, wie die Leute damals zufrieden waren. Jedermann arbeitete flei-

ßig und man hörte kein Schimpfen und kein Murren, wie's heute üblich ist. Da gab es eine friedliche Dorfgemeinschaft. Die Leute lebten viel einfacher, viel sparsamer und dennoch waren sie glücklich. Und jetzt können sie zusammen leben, wenn sie noch halbe Kinder sind – ohne kirchlichen Trauschein und ohne kirchlichen Segen. Mit achtzehn Jahren sind sie volljährig, obwohl sie noch halbe Kinder sind! Manchmal kommt es mir vor, als lebten wir in einem wilden Heidenland. Nach dem Ersten Weltkrieg war eine schwere Zeit, aber dennoch waren die Menschen noch gläubiger und zufriedener. Dann kam das Dritte Reich, da regierten keine Menschen mehr, sondern Teufel. Es wurde etwas besser, aber wie lange. Dann kam der Zweite Weltkrieg mit seinen schlimmen Folgen. Viele Männer mußten in den Krieg und wieviele kehrten nicht mehr zu ihren Familien zurück! Und als dann der Feind noch ins Land kam! Viele mußten ihre Heimat verlassen und wie ging es diesen armen Flüchtlingen! Warum mußte das so kommen? Weil man im Dritten Reich keine Kirche mehr brauchte und kein Gebet. Nur ein kleiner Teil erfüllt heute noch die Sonntagspflicht. Ich sehe es an meinen Kindern, wie lau sie geworden sind. Bestimmt waren sie es vom Elternhaus anders gewöhnt. Ich denke an die Prophezeiungen, die nicht ausbleiben werden. Aber nur wenige glauben daran. Was wird noch alles über die Menschen kommen?

Ich vollende nächsten Monat das achtzigste Lebensjahr. Zwölf Kindern das Leben geschenkt, zwei schwere Operationen, dreißig Jahre auf dem Bahnhäusl mit vieler und schwerer Arbeit, ein Mann, der keine Liebe zu Frau und Kindern gekannt hat! Er war ein Ich-Mensch, der nur das eigene Leben kannte. Und wenn's nach kirchlichem Glauben geht, dann muß man verzeihen, aber vergessen kann man das nicht.

Nun habe ich meinen Lebenslauf zum größten Teil niedergeschrieben. Meine schönste Zeit war meine Kinderzeit, solange mein Vater noch lebte. Er war ja so gut zu uns Kindern! Obwohl wir als Kinder schon viel arbeiten mußten, aber zur damaligen Zeit hat man's nicht anders gekannt. Und es wäre viel besser, wenn die Kinder heute noch mehr arbeiten müßten. Es gab' nicht so viele Verbrechen. Aber ich glaube, daß für das, was ich niedergeschrieben habe, nur mehr wenige Menschen Interesse haben. Viele werden es nicht glauben. Man muß sich's oft sagen lassen: Warum seid ihr so dumm gewesen? Heute würde das eine Frau nicht mehr machen. Viele Frauen von heute, auch Arbeiterfrauen, leben leicht dahin. Sie haben einen kleinen Haushalt zu versorgen und dennoch sind sie so unzufrieden. Auch brauchen sie nicht mehr so viele Kinder haben. Ein Kind, höchstens zwei. Wenn noch welche drei oder vier haben, das ist dann schon viel. Aber es gibt ja heute soviel Mittel, daß sie nicht mehr schwanger werden. Das hat's ja früher alles nicht gegeben. Sie sagen dann, ihr seid dumm genug gewesen! Ich denke dann an meine Kinder. Der Xaver hat auch zehn Kinder gehabt, die Ottilie sechs, vier Mädchen und zwei Buben. Ein Bub ist ihr mit vierzehn Jahren gestorben. Er war krebskrank. Der Alfred hat vier Kinder. Der älteste Sohn ist auch schon verheiratet und der Willi hat auch vier Kinder, die Tochter Hilda hat fünf und der Sohn Rudolf drei. Es sind genau 31 Enkelkinder und 18 Urenkel, und wenn ich dann denke: Was wird alles aus ihnen werden? Die Zukunft sieht nicht gut aus. Aber ich denke, ich brauch nicht mehr viel erleben, denn meine Gesundheit schaut nicht gut aus. Auch glaube ich, daß sie alle nicht mehr so viel arbeiten müssen und so viel mitmachen, wie ich es mitmachen mußte. Und ich glaube, es wird bald heißen: Es wird Abend werden und der Tag hat sich schon geneigt; und es kommt das Ende und kein Mensch weiß, wie es in der anderen Welt aussieht. Und ich hoffe, wenn man die Sonntagspflicht erfüllt hat und das Gebet nicht vergessen hat, so kann es so schlimm nicht werden. In der Hoffnung, daß mir Gott ein gnädiger Richter sein werde, schließe ich mein Schreiben und wünsche allen eine gute Zukunft.

*Paula Sperl wurde 1915 in Anthering (Salzburg) als Tochter einer kinderreichen Klein-
bauernfamilie geboren. Sie ging mit 14 Jahren zu Bauern in Dienst. Nach der Geburt
ihres zweiten Kindes heiratete sie 1938 auf den Hof ihres Mannes bei Salzburg. Heute lebt
sie im Ausgedinge mit der Familie ihres Sohnes. Frau Sperl schrieb ihre Lebenserinnerungen für die Familie auf und überließ sie dem Kinderweltmuseum in Schloß Walchen
(Vöcklamarkt).*

„Dirndl, bleib recht brav"

Ich ging gerne zur Schule. Gab es viel Arbeit, so mußten wir daheim bleiben. Trotzdem hatten wir gute Zeugnisse. Damit daheim die Esser weniger
wurden, mußten wir – eines nach dem anderen – bei fremden Bauern in
den Dienst treten. Ich war noch recht jung, als ich von daheim fort mußte.
Arbeiten konnten wir ja! Der Vater sagte zum Abschied: „Sei stets fleißig und
ehrlich." Die Mutter machte mir auf die Stirn ein Kreuz mit dem Weihwasser. Sie sagte nur noch: „Dirndl, bleib recht brav." Ich weinte nicht, denn ich
wußte, daß sie uns nicht gerne fortließ. Ich dachte schon an den folgenden
Sonntag, an dem ich für ein paar Stunden heimgehen durfte.

Am ersten Tag konnte ich am Tisch des Bauern nichts essen. Es war, als
steckte ein Knödel in meinem Hals. Aber dann siegte der Hunger über das
Heimweh. Ich gewöhnte mich langsam an die fremden Menschen, mit den
Tieren hingegen war ich gleich vertraut.

Zu Lichtmeß fing für die Ehehalten, so hießen damals die Knechte und
Mägde, das Dienstjahr an. Wenn die Bauern und die Ehehalten miteinander
zufrieden waren, so blieben sie beisammen. Der Dienstnehmer bekam vom
Bauern während des Jahres ein „Angeld" von fünf Schilling. Damit war das
Zusammenbleiben für das nächste Jahr besiegelt. Die Knechte und Mägde
fragten einander: „Hast du schon ein Angeld? Willst du zu einem anderen
Bauern wandern?" Wenn ein Dienstbote nicht mehr angeredet wurde oder
nicht mehr bleiben wollte, sprach sich das herum. Dann fragte ihn ein anderer Bauer, ob er zu ihm kommen wollte, und gab ihm das Angeld. Die bittere
Not mußte einen Knecht dazu zwingen, einen Bauern zu fragen, ob er das
nächste Jahr bleiben könnte. Diese Frage stand den Bauersleuten zu.

Am Blasiustag (3. Februar) war ein großer Dienstbotenmarkt, an dem sich die Menschen wie eine Ware anbieten mußten. Die Bauern suchten sich Arbeitskräfte aus und verhandelten über den Lohn, dann gingen sie zusammen zum Wirt. Wenn ein Dienstbote keinen Dienstplatz fand, so mußte er fechten (betteln) gehen, bis er wieder Arbeit hatte.

Auch die Bauern durften einen Dienstboten nicht während des Jahres entlassen. Es mußte schon etwas Grobes vorgefallen sein, daß man während des Jahres auseinanderging. Wenn sich ein solcher Vorfall ereignet hatte, entstand ein großes Gerede.

Vor dem Krieg bekamen die Ehehalten vom Bauern Gewand und Schuhe; ihr Lohn wurde zu Lichtmeß ausbezahlt. Wir hatten damals, je nach Rang und Stand, bis zu 40 Schilling Lohn im Monat. Die Knechte verdienten in der Woche sieben bis zwölf Schilling. Wir kauften uns das Gewand und die Schuhe selber. Das übriggebliebene Geld kam auf das Sparbuch. Darüber freuten wir uns besonders. Obwohl unsere Eltern sehr fleißig waren, war das Geld rar. Auch die Bauern hatten es in den zwanziger und dreißiger Jahren nicht leicht. Ihre Produkte waren billig und schwer zu verkaufen. Viele Menschen hatten keine Arbeit und verdienten kein Geld. Ein Liter Milch kostete 13 Groschen, ein Paar Schuhe 40 Schilling, das Nähen eines Kleides zwölf Schilling, und ein Fahrrad kostete 200 Schilling.

Wir hatten auch im Winter immer genug Arbeit. Es brauchte viel Zeit, bis das ganze Brennholz für ein Jahr mit Säge und Hacke bearbeitet war und bis es schließlich schön aufgeschlichtet unter dem Dach lag. Die Männer banden auch Besen für das ganze Jahr. Auch in der Werkzeughütte gab es immer etwas zu reparieren. Die Männer machten im Stall Holzschindeln; dazu brauchte man große, astfreie Tannenstämme. War eine Dachrinne kaputt, holten wir vom Wald einen langen schweren Tannenstamm, hackten ihn zurecht, höhlten ihn aus und zogen ihn auf das Dach. Auch unsere Wasserleitung bestand aus einer hölzernen Brunnenröhre, die wieder erneuert werden mußte. Wir brauchten jedes Jahr neue Hifler (Holzschuhe), die mit der Hand gemacht wurden. Das lange Schabstroh wurde in die Streugeiß gepreßt, und mit einem Messer, das einen Meter lang und zehn Zentimeter breit war, wurde das lange Stroh Stück für Stück abgeschnitten. Wir knieten dabei auf der Streu. Das Futter für die Kühe konnte mit der Gsottmaschine (Gsott = Spreu) geschnitten werden.

Mein Vater fuhrwerkte immer mit zwei Ochsen. Wenn im Herbst die Feldarbeit getan war, wurden sie fett gefüttert und verkauft. Bis dann wieder zwei junge Ochsen an der Stange der Göpelmaschine eingespannt werden konnten und gleichmäßig zogen, da brauchte es schon viel Geduld. Die Rösser waren nicht so bockig. Sie mußten jeden Tag eingespannt werden, sonst wurden sie übermütig und zerschlugen mit ihren Hufen die hölzernen Planken des Stalles.

Früher mußte man das ganze Getreide vom Staub putzen, es durch die Windmühle drehen, bevor wir es zum Müller fahren konnten.

Wir luden den Stallmist auf eine Schlaipfn (Wagen), fuhren ihn auf die verschneiten Wiesen und machten große Haufen. Wenn der Schnee weg war, fuhren wir den Mist auf die Wiesen und breiteten ihn aus. Wenn es geregnet hatte, fuhr man mit der Wiesenegge darüber, und wir verrieben ihn fein mit den Rechen. Bevor das Gras zu wachsen begann, rechten wir alle Wiesen mit dem Rechen ab, und die Streu war für die Kühe.

Im Hausgarten wuchs und gedieh wieder etwas. Der Hafer wurde gesät und die Erdäpfel in die warme Erde gelegt. Im Mai wurde der Flachs gebaut.

Morgens fuhren wir immer zum „Grasen" (Grasholen). Die Kühe gaben wieder mehr Milch, wenn sie mit jungem Gras gefüttert wurden. Auf dem Heuboden war es wieder leer und licht, und die Sensen wurden gedengelt. Zur Zeit der Heuarbeit klopfte der Bauer schon um zwei Uhr früh an die Kammertür und rief: „Dirndln, jetzt gemma ans Mahn!" Wie schnell wir da in die Kittel sprangen! Wir wußten ja oft nicht, auf welcher Wiese gemäht wurde, deshalb war es gescheiter, schnell hinter dem Bauern herzulaufen. Draußen ging es Schlag auf Schlag. Entsprechend dem Rang mähten die Leute ganz nah nebeneinander. Wenn da einer hinten blieb, hieß es gleich: „Müssen wir dir ein Heuseil holen, damit wir dich anhängen können?" Der Bauer mähte immer als erster. Er fand auch im Finstern die Grenzen seiner Wiesen.

Um fünf Uhr gingen wir Weiberleut' zur Stallarbeit heim. Zum Frühstück gab es Mus, das uns sehr gut geschmeckt hat. Auch am Abend aßen wir Zwiebelsuppe und kräftiges Mus. Zu Mittag gab es einen Tag Knödl, Kraut, Suppe und Salat. Am anderen Tag gab es Rohrnudeln, Kraut und Kompott oder Kletzensuppe. Nach der Suppe streuten wir auf der Wiese die Mahden mit der Gabel auseinander, dann die Schober (Haufen) vom Vortag. Wir mußten auch die Heufuder (Heuwagen) abladen. Nach dem Essen kehrten wir die Schober und das frisch gemähte Heu wieder um. Die Sonne war die beste Mitarbeiterin. Wir rechten das dürre Heu auf zwei große Zeilen, und der Heuwagen fuhr dazwischen durch. Zum Aufladen waren sechs Leute nötig.

Manchmal arbeiteten wir auch am Sonntag, dafür gab es jedoch kein Geld. Das Wort Überstunden kannten wir auch nicht. Die Tage waren lang. Die Heumahd dauerte den ganzen Juni. Um diese Zeit ist es auch beim Kammerfensterln still geworden. Doch wir waren immer lustig, wenn uns auch oft manches nicht paßte. Jeder war froh, daß er einen Dienstplatz hatte. Wir arbeiteten viel, aber ohne Hetze – Streß kannten wir nicht. Bei jeder Arbeit waren genug Leute.

Die Bauersleute hatten mehr Sorgen, und sie arbeiteten immer mit. Wir fühlten uns nie geknechtet. Wir lebten sorglos, wir verdienten Geld, hatten kräftige Kost, die nicht überall so gut war wie bei uns. Bei knausrigen Bauern wurde zu Lichtmeß immer gewandert.

Wir hatten jeden Monat große Wäsche. Die schmutzige Wäsche wurde in einer Aschenlauge eingeweicht, ausgebürstet und eingeseift. Dann legten wir die Wäsche in einen großen, hölzernen Zuber, spannten ein großes, rupfernes Tuch darüber und schütteten zwei Eimer voll Buchenasche darauf. Dann gossen wir das kochende Wasser aus dem Kessel, der in der Flöz (Hausgang) in der Mauer eingebaut war und von der Küche beheizt wurde, darauf. Wenn das Wasser abgekühlt war, nahmen wir das Tuch mit der Asche weg, bürsteten alles innen und außen auf dem Waschschemel vor dem Haus. Dann kam die blaue Wäsche dran. Im Haus hatten wir kein fließendes Wasser. Wir zogen alles Wasser aus einem tiefen Brunnen mit einem Holzkübel herauf. Im Stall leierten (pumpten) wir das Wasser für die Tiere, das vom Weiher herkam. Die Wäsche fuhren wir mit dem Radibock, im Winter mit dem Zugschlitten, zum Schwemmen zum Weiher. Wir nahmen uns ein Häferl heißes Wasser mit, um die Finger zu wärmen. Wir knieten auf der Waschbrücke, bleuten mit einem flachen Holz die Wäsche und schwemmten sie, bis die Lauge draußen war. Die rupfernen Leintücher waren schwer zu schwemmen und auszuwinden. Gebügelt wurde die Wäsche nach dem Nachtmahl. Wir heizten das Bügeleisen mit glühenden Kohlen vom Herd; das Bügeln war ungesund. Meine Schwester fiel einmal in Ohnmacht, weil im Winter kein Stubenfenster offen war, so daß das Kohlengas nicht hinaus konnte.

Alle drei Wochen mußten wir Brot backen. Da stellten wir einen großen

Holztrog auf zwei Schragen (Holzgestell) in die Stube. Am Abend wurde der Sauerteig mit Mehl und Wasser verrührt. Als Kind wünschte ich mir sehnlichst, einmal nach Herzenslust mit den Händen im Mehl zu wühlen und zu spielen. Aber die Mutter sagte: „Das wird unser Brot, damit darf man nicht spielen." Als ich dann selbst am Trog stand, wußte ich, wieviel Kraft und Schweiß es kostete, bis dreißig knusprige Brotlaibe in der Brotkammer lagen.

Während wir Weiberleut' im Haus und Garten und mit der Wäsche zu tun hatten, fuhren die Mannerleut' den Stallmist auf die Felder.

Die Kornfelder leuchteten wie Gold, die Sicheln waren gedengelt. Der Bauer machte die Probe, ob das Korn reif war. Dann war es Zeit zum Schneiden. Der Großvater säumte sich nie, er war der erste auf dem Kornfeld. Als Kinder hatten wir immer Ähren geklaubt und die Garben auf Haufen gezogen. Diese Arbeit hat uns nie gefreut. Da griffen wir schon früh zur Sichel – und wir gehörten zu den Großen. Unsere Mutter hatte schon immer ein Leinenhaderi (Stück Leinenstoff) in ihrer Schürze. Es hieß ja: „Siebenmal müßt ihr euch schneiden, bevor ihr gute Schnitter seid."

Es war ja immer alles auf dem Feld, auch die Kleinsten, die in einem Leiterwagerl unter einem Regendach lagen.

Jedes Jahr begannen wir wieder mit Freude und Fleiß das Korn zu schneiden. Wie schnauften wir auf, wenn wir uns zur Jause in den Schatten setzten und der Mostkrug und das Brot herumgingen. Jeder Schnitter hatte einen acht bis zehn Meter breiten Streifen zu schneiden; einer schnitt neben dem anderen. Wenn einmal einer dabei war, der nicht so fleißig schneiden wollte, so schnitten ihm die anderen davon. Ein zweites Mal ließ es keiner soweit kommen, denn alle schauten auf ihn zurück und lachten über ihn. War die letzte Garbe geschnitten, juchzte der Schnitter laut auf, so daß es die Nachbarn noch hörten.

Es kamen wieder ruhigere Zeiten, und wir waren froh darüber. Eines Tages im Juni passierte mir etwas Schreckliches. Nach dem Mittagessen ging ich wie immer zum Aufbetten. Als ich zu meinem Bett kam, war ich sehr müde. Ich wollte mich nur einen Augenblick hinlegen. Sie mußten mich suchen. Die Bäuerin fand mich auch. Sie schimpfte mich nicht, aber ich schämte mich fürchterlich. Die Knechte fragten mich noch öfters, wann ich wieder einmal einen Mittagsschlaf machen wollte.

Der Jakobitag, der Laurenzi- und Bartholomäustag mußten schon wahre Regentage sein, daß wir zum Feiern kamen. Aber an Rupertus, Michael, Simon, Andreas, Thomas, Sebastian, Matthias und Florian hatten wir einen Feiertag. An all diesen Tagen mußten wir, so wie an Sonntagen auch, fünf Stunden lang die Stallarbeit verrichten. In der Frühe gingen wir zur Kirche. Nachmittags hatten wir einige Stunden frei, und wir konnten tun, was wir wollten. Darüber waren wir schon froh. An diesen Tagen nähten und flickten wir unser Gewand. Wir trugen es ja, solange es hielt. Jede freie Stunde gehörte einer Handarbeit, wir strickten, häkelten oder stickten; Knechte, die nicht selber flicken konnten, mußten jemanden dafür bezahlen.

Bei der Arbeit gab es wenig Unterschied zwischen Knechten und Bauerssöhnen – und zwischen Mägden und Bauerstöchtern. Knechte und Mägde hatten ihren Lohn, Bauerssöhne und -töchter erhielten das Nötigste. Wenn auf dem Hof viele Geschwister waren, war auch das Heiratsgut nicht von Bedeutung.

Es kam wieder Lichtmeß, und ein Dienstbotenjahr war aus. Bevor ein Dienstbote wanderte, schrieb ihm der Bauer einige gute Worte ins Dienstbuch. An diesen Tagen fuhren auf den Straßen Fuhrwerke mit den Truhen und Kästen wandernder Dienstboten.

Beim letzten Bauern arbeitete ich vier Jahre. Ich arbeitete gern dort, denn die Leute mochten mich. Ich war jung, frei und immer gut aufgelegt. Ich kannte meinen Mann schon zwei Jahre, bevor wir ganz zusammenstanden. Ich war 20 Jahr alt. Das war der Bäuerin nicht recht. Sie hätte es gern gesehen, wenn ich immer brav geblieben wäre; das wäre auch mein Wunsch gewesen – aber die Männer können ja nichts erwarten.

Als erste Magd hatte ich im Stall viel Verantwortung zu tragen. Ich mußte darauf achten, wann eine Kuh nach dem Kalben wieder stierte (nach dem Stier verlangte). Damals gab es am Hof keinen Stier; meine Arbeit war es, die Kuh zum nächsten Bauern zu treiben. Unsere Kühe kamen nie aus dem Stall, und wenn ich eine herausholte, war sie sehr unruhig und sprang umher. Ich hatte Mühe, sie zu halten. Damals war ich im achten Monat schwanger und hatte große Angst beim Treiben. Hätte der alte Bauer noch gelebt, so hätte ich diese Arbeit nicht tun müssen. Es war noch ein Knecht am Hof und der Sohn, der so alt war wie ich. Die junge Bäuerin war die einzige Tochter – sie hatte nie fremdes Brot gegessen.

Am letzten Tag vor der Entbindung gruben wir eine Jauchegrube aus. Dabei floß immer neues Wasser zu. Die zweite Magd mußte mit mir den ganzen Tag mit Eimern das Wasser aus der Grube tragen. Um halb elf Uhr nachts überfielen mich die Wehen. Die zweite Magd, die auch in meiner Kammer schlief, weckte die Bäuerin um drei Uhr früh. Sie weckte ihren Sohn, der mich zu meinen Eltern brachte. Der Weg dauerte eineinhalb Stunden. In meinem Heimatdorf stieg die Bäuerin ab und wollte die Hebamme wecken. Die Hebamme jedoch war weiter weg bei einer Geburt. Dann fuhren sie mit mir die steinigen Straßen bergauf. Ich hatte nur noch einen Gedanken: „Heim zur Mutter!" Nachdem wir angekommen waren, sagte meine Mutter zu mir: „Dirndl, ich sag's dir, daß du mir ja nicht recht schiach tuast." In der Nähe fiel alle Angst von mir ab. Ich nahm mich zusammen. Mutter hatte so viele Kinder geboren, sie verstand alles. Um sechs Uhr früh gebar ich ein gesundes Mädchen. Vormittags kam die Hebamme. Sie sagte: „Stillen brauchst du nicht, denn du mußt morgen gleich wieder arbeiten."

Ich mußte an ein Erlebnis denken, das ich in der Zeit hatte, als ich beim ersten Bauern diente. Da kam eines Nachts der Nachbar, der nur Ochsen hatte, zu uns und bat, ob sein Knecht mit unseren Rössern eine Magd zu ihren Eltern fahren dürfe, weil es mit ihr an der Zeit sei. Später kam der junge Knecht ganz verstört heim und sagte: „Das tue ich nie wieder!" Der Weg zu den Eltern der Magd dauerte zwei Stunden. Sie wären gerne zum nächsten Bauernhof gefahren, aber die Magd dachte sich, was wohl die fremden Leute sagen würden, wenn so eine daherkäme. Das Kind kam während der Fahrt zur Welt. Es starb. Ja, so hatte die gute alte Zeit schon ihre Schattenseiten für die dienenden Menschen. Jede Bäuerin schaute darauf, daß so eine Magd schnell wegkam, denn es hätte viel Arbeit mit ihr gegeben. Auch in der Mägdekammer kamen Kinder zur Welt. Manchmal konnten beide bleiben. Wenn eine Magd niemanden hatte, so mußte sich die Hebamme um einen Pflegeplatz umschauen.

Ich arbeitete mit meinem Kind drei Jahre bei meinen Eltern, ohne Lohn zu erhalten. Meine jüngere Schwester mußte fort. Als meine zweite Tochter zwei Monate alt war, heirateten wir. Mein Mann übernahm 1938 einen schönen, jedoch arg verschuldeten Bauernhof. Die Leute redeten über uns und fragten sich, wie das wohl weitergehen werde. Ich hatte acht Geschwister, und jeder fragte sich: „Was wird die wohl mitbringen?" Bauernkinder, die wenig Geschwister hatten, brauchten nicht bei fremden Bauern zu arbeiten und bekamen eine größere Mitgift. Aber nicht jeder schaute nur aufs Geld. Wir halfen zusammen und arbeiteten, soviel wir konnten. Ich hätte mich gerne einmal eine Viertelstunde hingesetzt, um etwas zu lesen. Wir hatten nicht einmal eine Zeitung, denn wir hatten keine Zeit zum Lesen.

Der Urgroßvater war achtzig. Er versorgte tagsüber das kleine Mädchen. Er liebte sie sehr. Sobald sie nur ein bißchen weinte, lief er gleich, um die Flasche zu wärmen. Er legte sie trocken und wusch sie unter dem Brunnen, wenn er es für nötig hielt. Da ich immer auf dem Feld mitarbeiten mußte, war ich sehr froh, daß er mir so half. Nach der Arbeit im Stall und im Haus mußte ich die Kinderwäsche waschen. Vor neun Uhr kam ich nie ins Bett. Ich fütterte noch die Kleine. Auf dem Nachtkästchen hatte ich einen Spiritusbrenner, auf dem ich die Milch erwärmte. Ich mußte die Kleine nachts zweimal füttern. Um drei Uhr früh weckte sie mich wieder. Ich stand auf, badete und fütterte sie. Dann arbeitete ich im Stall. Wenn ich tagsüber daheim war und das Dirndl weinte, kam der Urgroßvater gleich, und ich sagte: „Sie muß nicht so oft gefüttert werden." Dann ging er brummend aus der Stube. Ein Jahr später gebar ich einen Sohn, der starb. Dann überstand ich eine Bauchoperation und hatte einen Abortus. Drei Jahre später wurde meine dritte Tochter geboren, zehn Jahre später ein Sohn. Als der Sohn sechzehn Jahre alt war, verunglückte mein Mann tödlich mit dem Traktor. Das war wohl das Allerschwerste.

Ich hätte nie irgendwo anders leben wollen. Trotz allem war mein Leben schön. Ich sitze hier und schreibe, damit meine Enkel und Urenkel es einmal wissen, wie es früher war, und damit sie verstehen, daß nicht alles gut und nicht alles schlecht war.

Anna Hartmann

Anna Hartmann, geb. Wareschitz (1827–1907)

Die Küche und das Kochen

Mancher wird es lächerlich finden, was ich alles beschreibe. Aber ich will euch ja ein Bild dieser vergangenen Zeit geben, und so muß ich auf alles kommen.

In den niederen Häusern waren in den Hoftrakten lauter kleine Wohnungen, bestehend aus Küche und Zimmer. Die Türen dieser Küchen gingen direkt in den Hof und hatten nur ein Oberlicht. Auch war in jeder Küche eine schmale Stiege auf den Boden, welcher mit einer Falltüre geschlossen war. Der Bodenraum ober der Küche und Zimmer gehörte der Partei, wo selbe auch ihr bißchen Holz hatte, da noch keine Keller bei den Wohnungen waren.

In den Bürgerhäusern hatte die Küche zwei Fenster. Vis-à-vis von den Fenstern, an der hinteren Wand, war ein länglich viereckiger Block gemauert, dessen oberste Reihe von schwarzen Ziegeln war. In der Mitte war eine längliche Vertiefung, in der das Feuer brannte. Man nannte es das Herdgrüberl. Obenan stand der große Laugentopf, an einer Seite Fleisch und Gemüse, auf der andern ein paar Töpfe mit reinem Wasser und am unteren Ende der Kaffeesud, welcher alle Tage ausgekocht wurde.

Kam die Zeit zum Einbrennen, so gab man ein paar Schaufeln Holzkohle auf das Feuer, und wenn die Glut angegangen war, schüttete man selbe auf den Herd, stellte einen eisernen Dreifuß darauf oder eine Kasserolle mit drei Füßen und machte dort die Einbrenn. Sollte eine Mehlspeis oder ein Braten gemacht werden, so machte man ein zweites solches Plätzchen, nur daß dann die Kasserolle einen eisernen, ringsum aufgebogenen Deckel hatte, auf welchen ebenfalls Glut kam.

Bei den Gemüsen war es Brauch, daß man selbe von der Zeit an, wo die Suppe eingekocht wurde, nicht mehr umrührte. Wenn selbe dann angerichtet wurden, fuhr man mit dem Schmarrenschäuferl unter der Kruste hin, wo so dreifingerbreite Streifen wurden, welche man Rammeln hieß, die dann über das Gemüse gelegt wurden, was sehr gut war, besonders von Erdäpfeln, gelben Rüben und Erbsen. Nur von Spinat, Kohl, Kochsalat, überhaupt von grünen Gemüsen, machte man es nicht. Aber es mußte auch beobachtet werden, daß es nicht anbrannte.

In den Herd eingemauert war die Bratröhre, die aber fest in der Mauer steckte und nur von hinten zu heizen war, daher meistens die Sachen oben keine Farbe bekamen. Hatte man einen größeren Braten oder Geflügel, Hasen usw., so wurden die Wassertöpfe weggerückt, die Feuerhunde hingestellt und der Bratspieß mit dem Braten in dieselben gesteckt. Unten stand eine lange Pfanne, wo die Sachen zum Begießen darin waren, und entweder mußte ein Kind den Spieß drehen oder die Köchin drehte eine Weile, begoß dann den Braten und machte wieder etwas anderes, um dann wieder zu drehen, was aber nicht so gut wurde, als wenn immerfort gedreht und begossen wurde.

Neben dem Herd war der Waschkessel, ober welchem der offene Rauchfang war. Der Rauchfang war schliefbar, da man Zylinder noch nicht kannte, und der Rauchfangkehrer mußte auf einer Leiter in denselben hinaufsteigen, um das Pech abzukratzen. Brannte so ein Rauchfang, so mußte der Rauchfangkehrer vom Dache aus, in einen nassen Kotzen gewickelt, durch denselben herunterfahren, wo aber in den uralten Häusern in der Stadt ein paarmal das Unglück geschah, daß eine Eisenstange durch den Rauchfang ging, der arme Mensch rittlings darauf zu sitzen kam und jämmerlich ersticken mußte.

Neben dem Herde nach vorne war Platz für einen Sessel, und dann war quer durch die Küche ein Balken gezogen, in der Höhe, daß man darunter durchgehen konnte. Auf diesem Balken war eine Mauer bis zum Plafond geführt. Dieses hieß der Mantelbaum. Dadurch war die vordere Seite der Küche vom Rauch geschützt, und er zog durch den Rauchfang hinaus. Nach innen war an dem Mantelbaum eine Eisenstange, an welcher ein zweiteiliger gestreifter Zwilchvorhang angebracht, der, wenn nicht gekocht wurde, zugezogen war. Nach der Außenseite war ein breites Brett, die „Hefenstelle", wo die irdenen und kupfernen, großen Töpfe gestürzt waren, und auf der Mauer hingen die kupfernen Kasserollen und Model und verschiedene Kupfer- und Messingsachen.

Dann stand ein weiß gestrichener Speiskasten, auf demselben eine Tasse mit den Gläsern und Flaschen und über demselben der Tellerbord oder, wie die Leute sagten, der Schüsselkorb. In demselben steckten die täglich gebrauchten Teller und Schüsseln. Oben war ein Brett, wo die kleineren Porzellan-Heferln standen, und unter dem Schüsselkorb war eine Reihe Hakerl eingeschlagen, wo lauter ganz kleine, schöne Heferln hingen.

Auf der anderen Seite standen das Tafelbett für die Köchin und ein kleines Tischerl. Die Mädln hatten es zum Schlafen sehr kalt, da die Hitze des Feuers zum Rauchfang hinausging, dafür aber nachts Wind und Schnee durch denselben hereinkam. Da hatte mein Vater eine Erfindung gemacht und ließ ein Brett schneiden, das gerade in den Rauchfang paßte und an einer Stange befestigt wurde. Wenn nun das Feuer ausgegangen war, so wurde das Brett in den Rauchfang geschoben, und so hatte es unser Mädl besser.

War abgekocht, so wurde der Herd zusammengekehrt ins Grüberl und ein durchlöcherter Sturz von schwarzem Ton daraufgestürzt, wo sich dann manchmal die Funken unter der Asche hielten, was beim nächsten Feuermachen angenehm war.

Die strenge Hand der Großmutter

Ja, habe ich denn auch eine Jugendzeit durchlebt? Dem Alter nach ja, aber den Verhältnissen nach habe ich sie nie kennengelernt, die Rosenzeit der schönen Jugend. Aber da die Kindheit eintönig und ernst, ohne Hätscheln und Spielen gewesen war, so war ich auch mit der ernsten Jugendzeit nicht so unzufrieden, wie es nach einer recht fröhlichen Kindheit gewiß der Fall gewesen wäre.

Denn nach der lieben Mutter Tod kamen besonders für den Vater bittere, ja sehr traurige Zeiten. Denn damals konnten besonders alte Frauen nie glauben, daß es Gottes Wille ist, wenn der Mensch stirbt. Nein, immer mußte der Doktor die Schuld haben, und so zeigte sich auch bei der Frau Großmutter der Schmerz nicht in Tränen, sondern in beständigem Räsonieren und daß sie allen andern an dem Unglück die Schuld beimaß. Schon zur Leiche kam eine halbverrückte Tante, fiel vor dem Sarg auf die Knie und rief, die Arme gegen den Himmel erhoben: „Ach, sie war ja nie glücklich!" Das war für den Vater eine schwere Kränkung, denn meine Eltern hatten wirklich sehr gut miteinander gelebt. Ich habe meinen Vater überhaupt nie mit jemandem streiten gehört, denn war ihm etwas nicht recht, so wendete er sich ganz einfach ab und sprach nichts. Nur dieser Tante sagte er: „Nun, in der

Regel pflegen Frauen, die sich kränken, wohl nicht so blühend auszusehen wie meine Frau noch im Sarge."

Der Vater sagte auch der Frau Großmutter, daß er es ihr ganz freistelle, ob sie für uns sich weiter sorgen oder in Ruhe allein leben wolle. Sie aber meinte, daß sie bei uns bleiben und – da sie umsonst nichts haben wolle – 15 fl. im Monat auf die Kost und die Wirtschaft besorgen werde. Der Vater war einverstanden. Nur das eine glaubte er der Mutter noch schuldig zu sein, daß er sagte: „Ja, ja, 14 Jahre waren wir verheiratet, aber niemals war sie Frau im Hause. Das waren doch immer Sie, und so bleiben Sie es halt, solange es Sie freut."

Nun wurde ich in die Nähschule geschickt und muß noch lächeln, wenn ich mich eines Ereignisses erinnere. Mein Vater hatte den Hemdärmel zerrissen und sagte mir, ich soll selben ausbessern. Ich schnitt aber den Fleck zu klein, und da ich mir keinen zweiten zuschneiden getraute, so nähte ich den Fleck so ein, daß der andere Stoff Falten machte. Der Vater, der alles genau ansah, sagte mir, ob ich mich nicht schäme, so etwas zu machen, da ich doch in die Nähschule ginge. Ich aber sagte ganz naiv: „Ich lerne ja nähen, aber nicht flicken!" Es war damals auch so. Erst in späteren Jahren wurde den Mädchen in den Nähschulen auch das Ausbessern beigebracht.

Wir kannten eine Bäckerswitwe, welche eine Tochter schon in den Dreißigern hatte. Ich war gerne bei ihnen, und sie hatten mich auch lieb. Nun hatte der Vater die Idee, dieses Mädchen vielleicht zu heiraten. Ich hätte Freude darüber gehabt und würde mich sogar über kleine Geschwister gefreut haben. Aber als die Frau Großmutter die Sache bemerkte, so beleidigte sie Mutter und Tochter derart, daß diese nichts mehr von uns wissen wollten. Die Tochter wurde später Wirtschafterin beim Dechant von Payerbach, der dann auch nach Böhmisch-Brod kam. Sie hat mich noch in den 80er Jahren besucht. Nun ist sie auch schon tot. Sie hieß Maria Böhm.

Merkwürdigerweise hat derselbe Name dreimal in mein Leben eingegriffen, denn als ich Hartmann heiratete, hieß seine erste Frau Maria Böhm, und als meine Tochter gestorben, da wollten gute Freundinnen meinem Herrn Schwiegersohn auch eine Maria Böhm als zweite Frau rekommandieren.

Noch einmal wollte der Vater eine Frau nehmen, die Tochter einer Färberswitwe namens Valentinotte. Aber wieder machte die Frau Großmutter die Sache zu Ende, mit dem Bemerken: „Solange meine Augen offen sind, kommt hier keine herein!"

Nun wurden die Verhältnisse immer trauriger. Die Frau Großmutter predigte mir beständig, was ich von einer Stiefmutter zu erwarten habe, und der arme Vater sprach gar nicht mehr, als was sein mußte. Er besorgte seine Geschäfte. Dann saß er allein in seinem Zimmer, las in der Weltgeschichte oder besah Landkarten, und abends konnte er stundenlang ohne Licht, den Kopf in die Hand gestützt, sitzen. Mir tat das Herz weh, und ich schlich ein paarmal hinein, streichelte ihm die Wange und küßte ihn. Er aber schob mich leise weg und winkte mir zu gehen. Ich wußte nicht, was ich ihm sagen sollte, und so getraute ich mich auch nicht mehr hinein, und unser Leben wurde noch trüber und trauriger.

Marie Toth

*Marie Toth, 1904 als Kind einer „Ziegelböhm“-Familie geboren, arbeitete als Küchen-
gehilfin und als Ziegelarbeiterin.*

„Ich werde in Dienst gehen ...“

Es war so Mitte Sommer 1919, ein Jahr nach meiner Schulentlassung.
Ich wollte arbeiten gehen. Nach der schweren Krankheit wollte Mutter
nicht, daß ich am Ziegelwerk anfange. Die Fabriken ringsum standen still.
Munition wurde nicht gebraucht, und von den Großmächten war die Erzeu-
gung verboten. Auswahl war nicht viel. In der Nahrungsmittelfabrik brauchten sie nicht viele Leute, und jeder, der drinnen arbeitete, hatte wen, den er
unterbringen wollte. In den vergangenen Jahren, wo ich so krank war, bin
ich doch ein Stück gewachsen, und ich wollte endlich was verdienen. Und so
dachte ich, ich werde in Dienst gehen; da wird es besseres Essen geben. Mit
den Lebensmitteln klappte es nicht; es war nicht viel besser.

Da bekam ich eine Adresse. Ein Kaffeehaus namens Zwicker in der Sechs-
hauser Straße in Wien suchte ein Mädchen. Ich bin mit viel gutem Willen
hingefahren. Zum Mitnehmen hatte ich nicht viel. Ein Paar Halbschuhe,
die ich zur Firmung bekommen habe, wie ich in die letzte Klasse gegangen
bin; damals waren sie zu groß, aber es hat keine anderen gegeben. Ich hab’ sie
mit Watte ausgestopft, jetzt paßten sie. Einmal Wäsche zum Wechseln, mehr
hatte ich nicht; ein Kleid und eine Schürze. Vorher hatte ich geschrieben, ob
ich den Posten haben kann. Sie schrieben, ich solle mich vorstellen kommen.
Ein Bekannter von meiner Schwester arbeitete in Wien, und er sagte mir, wie
ich fahren muß. Ich hatte keine Ahnung.

Außer der Firmung war ich noch nie in Wien. Er hat aber mit Anna und
mir ausgemacht, daß er am dritten Tag nachschauen wird, wie es mir gefällt.

Durch die Erlebnisse und Erfahrungen beim Hamstern, das Auf-sich-al-
lein-angewiesen-Sein, Allein-Denken, Allein-Handeln, bin ich frühzeitig
selbständig geworden. Mir war keine Arbeit zuwider, mußte mit dem Geld
sparsam umgehen und immer bestrebt sein, etwas beizutragen. Man hörte
öfter, in Wien gibt es Geschäfte, wo man Brot ohne Marken, also schwarz,
kaufen kann – aber wo? Ich hab Anna gesagt: Wenn ich in Wien bin, werde

ich schauen, daß ich für euch Brot bekomme. Also fuhr ich mit viel Hoffnung nach Wien.

Ich bin gut angekommen und wurde auch gleich aufgenommen. Die Frau Chefin saß hinter der Kasse mit Blick in die Küche. Das Kaffeehaus war ein Saal mit schönen Möbeln für die Gäste. Ich hab' bis dahin nicht gewußt, wie ein Kaffeehaus aussieht. In der Küche waren zwei Mädchen beschäftigt, ich war die dritte. Ein Mädchen mußte mich in den ersten Stock führen; dort war das Dienstbotenzimmer. Beim Hinaufgehen sagte sie: „Ich habe gestern hier angefangen. Die andere hat gekündigt." Wie ich das Zimmer sah, hat mir gegraust. Soviel Dreck gibt's nicht gleich wieder. Drei Betten, Kästen, Tisch und Sessel. Kein Überzug bei Polster und Tuchent, Inlett dreckig und zerrissen. Ich dachte: „Zuerst werde ich hier rein machen." Ich mußte aber wieder in die Küche. Sie hatte soviel Arbeit für uns. Es war überall Schmutz.

Um zehn Uhr gab sie uns die amerikanischen Bohnen für Mittag zu kochen. Die wurden doch nicht weich, nicht einmal, wenn sie bis morgen kochen. In der Küche war nichts zu essen. Sie hatte alles bei ihr in der Kasse eingesperrt: Mehl, Zucker, Brot, Kaffee, Gewürze. Sie gab uns alles vor. Zu Mittag gab sie uns jedem ein Stück Brot; nur konnten wir die Bohnen nicht essen – sie waren wie Kieselsteine. Wir würgten daran, aber es ging nicht. Nachmittag bekamen wir Kaffee, eine Kaffeehausschale voll, ohne Brot. Abends sollten wir die Bohnen essen, bekamen aber dann Kaffee und Brot.

Damals waren Kaffeehäuser wahrscheinlich auch Gasthäuser. Sie hatten bis zwölf Uhr nachts offen. Für die Dienstmädchen gab es keine vorgeschriebene Arbeitszeit – und wer hielt sich daran? Bis zwölf Uhr nachts mußten wir da sein.

In der Küche gab es eine große Kaffeemaschine. Da mußten wir den Kaffee in Schalen füllen und der Frau auf die Kasse stellen. Sie übersah die ganze Küche, wir konnten selbst keinen trinken. Nach der Sperrstunde um zwölf Uhr gingen wir schlafen, müde und hungrig. Das war mein erster Tag im Dienst. Wir sprachen wenig und schliefen gleich ein.

In der Früh pumperte es an der Tür. Wir fuhren auf. Wir glaubten, es ist was geschehen, sahen auf die Uhr. Es war vier Uhr morgens. Wir waren alle neu; wir kannten den Hausbrauch nicht. Die eine hatte schon gekündigt; Sie war nur ein paar Tage dort; die kümmerte sich um nichts mehr. Vor der Tür stand die Chefin. „Aufstehen!" rief sie, „um sieben Uhr, wenn das Lokal aufgesperrt wird, muß alles aufgeräumt sein." Die Familie hatte gegenüber unserem Zimmer eine große Wohnung. Waschen konnten wir uns nur in der Küche, im Zimmer hatten wir kein Wasser. Wir mußten uns erst die Federn aus den Haaren kämmen, bevor wir hinuntergingen.

Um sieben Uhr kam die Chefin hinunter. Wir hatten nun schon fast drei Stunden gearbeitet. Erst hat sie in ihrer Kasse Ordnung gemacht. Dann bekamen wir eine kleine Tasse Kaffee, der vom Vortag übrig war, und ein Stück Brot. Wir mußten Wäsche flicken, Strümpfe stopfen. Zum Kochen bekamen wir nichts; es waren die Bohnen vom Vortag da. Wo und was sie gegessen haben, weiß ich nicht. Sie wurde von ihrem Mann gegen Mittag abgelöst.

Nachmittag bekamen wir abwechselnd zwei Stunden frei, „Zimmerstunde" hieß es. Ich saß in meinem Bett und überlegte. Wenn das so weitergeht, so komm' ich das ganze Monat nicht an die frische Luft; das halte ich nicht aus. Und hungern kann ich zu Hause auch. Was würde mir der Lohn nützen? Ich hatte nicht Heimweh; aber so viele Stunden Arbeit, wenig schlafen und noch weniger zu essen: Das halte ich nicht aus. Ich war noch nicht fünfzehneinhalb Jahre, und die schwere Krankheit hätte sich vielleicht wiederholt; und der Schmutz hier. Nein, da hatte ich Pech gehabt. Ich dachte: Hier bleibe ich nicht. Morgen fahre ich heim und werde erst mit Mutter reden.

An diesem Tag war es dasselbe. Um zwölf Uhr nachts schlafen gehen, um vier Uhr früh aufstehen, viel Arbeit, dabei immer das Magenknurren. Nach sieben Uhr kam der ausgemachte Besuch. Nebenbei flüsterte ich ihm zu:

„Hier bleibe ich nicht; ich habe mehr Hunger als zu Hause." Zur Chefin sagte ich: „Ich fahre heim, ich hol' mir noch Kleider und Wäsche." Ich wußte ja nicht, was Mutter sagt, aber sie hat mich ungern weggelassen. Mutter ließ mich nicht mehr fort.

„Mager war ich immer, aber mir machte jede Arbeit Freude"

Nach zwei Wochen fing ich am Ziegelwerk an. Die Arbeit war schwer, ich war sehr müde, aber nach der Arbeit mußte ich nichts tun und konnte früh ins Bett gehen. Die Arbeit in der frischen Luft tat mir gut. Das Essen war sehr knapp, aber wenn es sonst nichts gab: Eine Knoblauchsuppe mit ein paar Kräutern vom Wald war schon etwas.

Wir haben dann gehört, in Wien-Favoriten am „Böhmischen Markt" gibt es etwas Brot ohne Marken. Da gab's schon die Achtundvierzigstundenwoche, Samstag nachmittag wurde nicht mehr gearbeitet. Ich war 16 Jahre, Anna 23 vorbei. Wir fuhren mitsammen nach Favoriten auf den Markt. Wir sprachen beide gut Tschechisch. Wenn man die Quellen wußte, so hat man in Wien mehr bekommen als hier auf dem Land. Ich verdiente auch schon etwas. Jugendliche bekamen nicht viel, aber ich freute mich. Damals wurde noch alles daheim abgegeben, da gab's noch kein Sonntagsgeld.

Jetzt fuhr ich jeden Samstagnachmittag nach Favoriten. Die Standlerinnen kannten mich schon; ich bekam fünf oder sechs Kilogramm Brot zusammen, gutes Brot, Gemüse, Rüben, was es eben fallweise gab. Da ging es schon besser. Saccharin gab es im Schleich. Sonst war alles noch auf Karten. Ährenklauben und Kartoffelsuchen mußten wir noch immer.

1921. Ich wurde im März 17 Jahre alt, mußte auch schon schwerere Arbeiten machen. Ich wurde muskulöser. Mager war ich immer, aber mir machte jede Arbeit Freude, und ich war immer in Bewegung; nur füllte mich die Arbeit nicht ganz aus. Ich fing da schon an, für mich Kleider zu nähen aus alten Sachen von Mutter und Anna. Ich wollte auch schon schön angezogen sein, nach damaligen Begriffen.

Nach dem Krieg wurden die Sozialistische Partei und die Gewerkschaft gegründet. Mich interessierte alles. Ich kam zum Turnverein. Da fühlte ich mich so richtig wohl. In kurzer Zeit hatte ich soviel gelernt, hatte viele Bekannte und Freunde, und es war lustig. Wir machten Ausflüge: Merkenstein, Peilstein, Hohe Wand; aber alles zu Fuß und meist nur trockenes Brot mit – aber es war schön. In kurzer Zeit hatte ich alle Mädchen vom Ziegelwerk beim Turnverein. Zweimal in der Woche gingen wir abends in die Turnhalle.

Das Geld wurde immer wertloser

Um die Jahre 1922/23/24 begann die Inflation. Die Lebensmittelversorgung wurde besser, aber das Geld wurde immer wertloser. Am Anfang stiegen die Preise, die Löhne hinkten immer nach. Wenn wir Samstag die Löhne bekamen, waren bis Montag die Preise um fünfzehn bis zwanzig Prozent gestiegen, und das ging so weiter, immer schneller. Jetzt wären mehr Lebensmittel da gewesen, doch das Geld fehlte.

So im Jahr 1924/25 war es dann so, daß die Waren jede Woche zwei- bis dreimal um viele Prozent gestiegen sind. Zwei- bis dreimal in der Woche sind

die Löhne erhöht worden. Am Abend bekamen wir einen Haufen Papiergeld, nächsten Tag konntest du dir nichts mehr darum kaufen. Die Waren wurden zurückgehalten; einen Tag später bekamen die Händler das Doppelte. Die Preise konnten wir uns kaum mehr merken, so rapid stieg alles.

Keiner konnte sich vorstellen, wie das enden wird. Die Not nahm kein Ende. Wir hatten bis jetzt nur Not und Elend erlebt; wir konnten nichts dagegen tun, als alles über uns hinweggehen zu lassen.

In Leobersdorf waren einige Juden ansässig. Der eine namens Moritz Kohn hatte ein Textilgeschäft. Der andere hieß auch Kohn, war Fleischhauer in der Badener Straße. Ich kaufte bei beiden ein; sie waren billiger und gut. Beide Familien mit Kindern wurden von den Nazis vergast.

Ich hab das Büchl von Moritz Kohn aufgehoben als Beweis für die Inflation. Diese Juden haben die Waren weitergegeben, weil die Menschen etwas zum Anziehen brauchten. (Hebt das Buch auf, damit die Nachkommen das Original sehen.) Hier die Preise von 1924/25 (am 15. November 1925 ist eine neue Währung eingeführt worden):

2 Leintücher à 75.000 Kronen	150.000
4 Tücherl à 12.000 Kronen	48.000
3 Damenhemden à 45.000	135.000
1 Herrenhemd	38.000
3 m Chiffon à 22.000	66.000
5 1/2 m Chiffon à 40.000	212.000
5 m Spitzen	6.000
2 Kautschuk	27.000
1 Damenweste	220.000
2 Kombination	220.000
1 Damen Hemd	65.000
2 Unterhosen	120.000
22. Juni 1924:	
2 Paar Handschuhe à 26.000	52.000
1 Paar Damenstrümpfe	28.000
1 Paar Herrensocken	26.000
1 Damenschirm	190.000
1 Wollkleid	170.000
1 Waschkleid	170.000

1 Bluse	65.000
1 Tücherl	28.000
4 1/2 m Vorhang	252.000
2 Quasten	26.000
1 Schoß	130.000
4 1/2 m Barchent	135.000
1925:	
Tücherl	28.000
1 Paar Handschuhe	30.000
1 Damenweste	290.000
1 m Cloth für Turnhose	62.000
1/2 m Steifleinen	13.000
2 blaue Herrenhemden	220.000
1 Unterhose	75.000
1 1/2 m Pike	57.000
1 m Stickerei	18.000
1 w. Turnleibchen	45.000
1 Restl	30.000
2 1/2 m Batist	85.000
1 Paar Damenstrümpfe	35.000
2 1/2 m Zefir	135.000
5 1/2 m Zefir	192.000
1 St. Damastgradl	820.000

In Amerika ist die größte Bank zusammengebrochen und in der Folge alle anderen Banken; die in Europa und natürlich auch in Österreich blieben nicht verschont. Zu der Zeit bekamen nur Bundesangestellte Pension. Arbeiter, Gewerbetreibende, Geschäftsleute, Bauern bekamen nichts. Wer nur halbwegs konnte, sparte für den Lebensabend. Über Nacht verloren alle ihre Ersparnisse. Wer damals schon etwas verstand von den Machenschaften der Börsen und Banken, der legte beizeiten sein Geld in Häusern, Gründen und Gold an. Alle anderen sind arm geworden.

Im November 1925 wurde die Kronen- und Hellerwährung über Nacht abgeschafft und die Schilling-Groschen-Währung eingeführt. Die Preise wurden neu berechnet. Eine Damenhose kostete dann sieben Schilling, ein Paar Strümpfe drei Schilling, ein Hemd sieben Schilling, ein Kinderhauberl drei

Schilling fünfzig Groschen. Die Löhne sind dementsprechend herabgesaust. Im Jahr 1925 hab' ich im Konsum in der Woche einunddreißig Schilling, fünfzig Groschen verdient; Vater (= Ehemann; M. H. S.) hat zu der Zeit bei der Firma Ganz gearbeitet und verdiente in der Woche fünfunddreißig Schilling. Er lebte noch bei seinen Eltern; wir waren da noch nicht verheiratet.

Jetzt gab es Waren genug, aber wenig Geld. Doch wer sparen gewöhnt war, konnte sich langsam etwas schaffen.

Zurück zur Familienchronik. Ludwig hatte nun sieben oder acht Jahre am Ziegelwerk unter den schlechtesten Bedingungen gearbeitet. Anläßlich einer Vorsprache beim Besitzer um Aufbesserung kam es zu Unstimmigkeiten, und er kündigte.

Er fing am 1. Juli 1922 am Oberbau bei der Bahn mit einem Jahresgehalt von tausendfünfhundertsechzig Kronen an. Nach einer Zeit kam er ins Heizhaus und später als Heizer auf eine Lokomotive. Am 30. Juli 1925 legte er die Lokheizerprüfung mit „sehr gut" ab.

Das konnte nicht gut ausgehen. Herr Polsterer stellte Mutter vor die Entscheidung: Entweder ausziehen, oder es muß jemand zurück auf den Ziegelofen, arbeiten. Es war aussichtslos, eine Wohnung zu bekommen. Ich wäre nie zurückgegangen, und Ludwig hat die besten Aussichten gehabt auf eine fixe Anstellung und spätere Pension. Schweren Herzens entschloß sich Anna, wieder zurückzugehen. Sie hat zu dieser Zeit schon die Bekanntschaft ihres späteren Mannes Franz Bauer aus Wilhelmsburg gemacht. Frühjahr 1923 fing sie am Ziegelwerk wieder an, da war sie 27 Jahre alt. Ein Jahr später hat sie geheiratet, und am 26. September 1924 ist ihr Sohn Franz geboren. Sie arbeitete noch weiter, bis ihr Mann am 12. Juli 1925 in Groß-Sierning bei Verwandten ein Zimmer zu mieten bekam, nur vorübergehend. Ludwig fuhr oft zweimal im Monat zu ihr mit einem Rucksack voll Lebensmitteln; er zahlte nicht viel auf der Bahn. Sie hatten beide nichts, so halfen wir, so gut es ging.

Schwager Franz war bei der Bahn beschäftigt, und zwar im Magazin im Bahnhof Wilhelmsburg. Nach einem Jahr bekam er in St. Georgen eine Wohnung, eine Station von Wilhelmsburg entfernt. Schließlich bekam er eine Wohnung in Wilhelmsburg. Tochter Emi ist am 11. Juli 1926 geboren. Aller Anfang ist schwer. Anna hatte einige Bedienungen angenommen, neben den kleinen Kindern konnte sie keine andere Arbeit annehmen. Schwager Franz ging, wenn er freie Tage hatte, zu Bauern arbeiten; er bekam Lebensmittel dafür. So hatten sie sich nach der Inflation langsam hinaufgearbeitet.

Es wäre jetzt alles gutgegangen, nach der Hungersnot und Inflation. Wir hatten alle Arbeit, Lebensmittel und alles andere gab es zu kaufen.

Es war im Jahr 1925. Mutter hatte in Böhmen noch den jüngsten Bruder; die anderen Brüder blieben in Inzersdorf, waren zu dieser Zeit aber schon tot. Mutter äußerte den Wunsch, ihren Bruder und die alte Heimat, wo sie geboren wurde, noch einmal zu sehen. Ludwig besorgte die Pässe und fuhr mit Mutter im November 1925 nach Böhmen. Anna wohnte da noch in Sierning und war mit Erni schwanger. Da traf uns unvorhersehbar ein fürchterlicher Schicksalsschlag.

Ludwig hat vom 1. auf den 2. Jänner 1926 Selbstmord durch Erhängen begangen. Heute, nach 57 Jahren, kann ich noch immer nicht begreifen, wie er das Mutter und uns antun konnte: ein anständiger, lebensfreudiger Mensch. Im Totenschein steht Sinnesverwirrung. Ich glaube eher etwas anderes.

Ludwig hat sich beim Lokmaschinenreinigen an der Hand verletzt. Nach ein paar Tagen war der ganze Arm dick geschwollen. Der Arzt schickte ihn ins Spital. Zu dieser Zeit hatten die Ärzte noch jeden Sonntag und Feiertag Ordination. Ich hatte am 1. Jänner im Konsum Inventur und kam spät abends heim. Ludwig ging vormittags zum Arzt und kam nicht mehr nach Hause. Wir haben nachgeforscht und erfuhren: Ludwig war im Spital in Baden. Bevor er zur Untersuchung drankam, war er verschwunden. Meine Meinung ist: Er hatte Angst, daß ihm der Arm abgenommen wird. Immer wenn er Kriegsverstümmelte sah, sagte er: „Bevor ich so weiterlebe, mache ich meinem Leben ein Ende." Mutter war untröstlich.

Es war eine furchtbare Zeit

Ich schreibe jetzt das, was ich selbst gesehen und erlebt habe, in eigener Familie und in der nächsten Umgebung. Alles andere könnt ihr aus Geschichtsbüchern erfahren. Man kann es kaum fassen, daß es so etwas im 20. Jahrhundert gibt, die Grausamkeiten, Folterungen, Millionen Menschen in Gaskammern vernichtet, ob Kind ob Greis, von Menschen, die selbst nichts geleistet haben, die nur Brutalität kannten; wo es Kinder gab, die die eigenen Eltern anzeigten, weil sie mit diesen Methoden nicht einverstanden waren. Spitzel gab es überall; einer traute dem anderen nicht, selbst in der eigenen Familie. Es war eine furchtbare Zeit. Immer, wenn ich an diese Zeit denke oder von ihr rede, befällt mich die Angst, und ich zittere; deshalb die schlechte Schrift und die Schreibfehler.

Pepperl arbeitete schon über drei Jahre in Hirtenberg, Pepe war eineinhalb Jahre, als Hitler kam. Es gab keine Parteien. Wir kümmerten uns um nichts als um uns selbst. Es gab in Haus und Garten zu tun, und Sonntag fuhren wir mit den Rädern in den Wald. Wir waren mit Sailer und Pepperls Bruder Hans und ihren Frauen gut befreundet. So waren wir Sonntag, wenn es schön war, im Wald, meist in Lindabrunn beim Bründl; nahmen uns eine Jause mit, hatten einen Sack bei uns, da suchten wir Bockerl und Holz – da kannten wir noch keinen Elektroofen; die Kinder konnten sich in der guten Waldluft austoben. Sailer hatten Ferry; er war schon größer; Hans hatte Hella, die ging auch schon in die Schule; Pepe war der jüngste. Wir waren glücklich und zufrieden.

Die Nationalsozialistische Partei (im geheimen nannte man sie die „Nazi") hatte von Anfang an die Juden aufs Korn genommen und ihnen die Schuld an dem Unglück in der Welt gegeben. Die reichen Juden, die sind schon vorher ins Ausland geflohen. Aber es gab auch viele arme Juden, die nur kleine Geschäfte hatten oder arbeiten gingen. Sie haben niemandem etwas getan, lebten bescheiden wie wir; sie waren meist billiger als die anderen. Die Arbeiter, besonders die Arbeitslosen, mußten jeden Groschen überlegt ausgeben.

Auch ich kaufte bei Fleischhauer Kohn in der Badener Straße ein und war immer zufrieden. Doch bald stellten sie Posten in SA-Uniform auf und schauten sich die Leute an, die dort einkauften. Die Leute bekamen Angst; es kauften immer weniger dort ein. Ich ging jeden Samstag hin, bis ihnen das Geschäft gesperrt wurde. Auch beim anderen Kohn, der hatte ein Textilgeschäft, war es so. Ein dritter Jude namens Lipschitz, Hauptstraße, handelte mit Textil. Es waren Bruder und Schwester, alte Leute, die überhaupt nicht in Erscheinung getreten sind. Sie haben mehrere Parteien im Haus gehabt und wurden von allen gelobt. Da war ich Augenzeuge. Es fuhr ein Lastauto mit fünf oder sechs SA-Leuten vor. Der spätere Besitzer (jetzt ist er schon gestorben) als Anführer, stürmten sie ins Geschäft und räumten es ganz aus. Die alte Frau stand am Fenster und weinte.

Wir hatten im Ort einen Arzt namens Graf. Er hatte eine hübsche Frau und ein Mäderl, zirka vier Jahre alt. Sie waren eine glückliche Familie. Ich und viele andere wußten gar nicht, daß sie jüdischer Abstammung ist. Auch dort sind die SA-Leute mit einem Lastauto vorgefahren und haben die Frau vom ersten Stock herabgezerrt. Das Kind hat geschrien; sie haben es aber nicht mitgenommen. Der Arzt war nicht zu Hause. Die Frau haben sie aufs Lastauto gezerrt und abtransportiert. Das hat mir eine Augenzeugin erzählt. Die Menschen waren empört, aber keiner traute sich einzumischen. Es waren kaltblütige Verbrecher. Die Verbitterung wuchs. Die Menschen kapselten sich ab, keiner traute dem anderen. Wer intervenierte, weiß ich nicht, doch die Frau des Arztes wurde heimgeschickt. Bald darauf zogen sie nach Kottingbrunn, und jetzt sind sie in Vöslau.

Die anderen jüdischen Familien sind in Lager gekommen. Später hörten wir, daß alle in den Gaskammern umgekommen sind. Millionen Juden, aber auch andere, wurden auf diese bestialische Weise umgebracht.

Die Arbeitslosen wurden weniger. In den Fabriken arbeiteten sie in drei Schichten, aber alle erzeugten Munition – für den Frieden, wie es so schön hieß. Die Jugend wurde für freiwillige Arbeitsdienste ohne Bezahlung einberufen, da konnte sich keiner drücken. Jeder bekam eine Uniform, auch Mädchen. Sie wurden auf Bauernhöfe geschickt und mußten jede Arbeit machen, die ihnen aufgetragen wurde; dafür bekamen sie Essen und Wohnen. Später wurden sie in Munitionsfabriken gesteckt. Die Burschen wurden immer mehr zum Militär eingezogen, nachdem sie vorher bei der „Hitlerjugend" auf Hitler eingestimmt wurden. Wer das nicht wollte, wurde ganz einfach geohrfeigt und geschlagen. So erging es Franzi, dem Sohn meiner Schwester Anna. Auch die Kinder bekamen schon Uniformen.

Die Südautobahn, wie sie heute ist, wurde zu dieser Zeit geplant und begonnen. Die Erde wurde zur Seite geräumt auf Hügel, doch mehr ist nicht geschehen.

Es gab jetzt keine Arbeitslosen. Immer mehr Männer mußten einrücken, die Mädchen zum freiwilligen Arbeitsdienst, wie es so schön hieß. Sie hatten keine andere Wahl. So gingen immer mehr Frauen arbeiten. Durch die lange Arbeitslosigkeit war der Nachholbedarf an Wäsche, Kleidern, Haushaltsgeräten und anderem sehr groß. Außerdem kamen viele Deutsche und kauften alles auf. Erstens bekamen sie in Deutschland nicht mehr alles, was hier noch zu haben war, wie Butter, Wäsche, Kleider; dann war hier alles viel billiger. Um ihre Mark konnten sie mehr einkaufen. Auch der Schilling wurde auf Mark umgetauscht, doch waren wir am Anfang viel schlechter dran.

Kaum hatte der Krieg angefangen, bekamen wir Lebensmittelkarten. Das kam alles so über Nacht. Es klappte alles vorbildlich, weil es schon lange vorbereitet war. So manchen ging dann ein Licht auf, die zuerst begeistert waren. Ohne Karten gab es nichts mehr, ob es Rauchwaren, Kleider, Schuhe oder sonst etwas war. Zugleich wurden hohe Strafen für Mißbrauch verhängt.

Da kamen auch schon die ersten Meldungen von gefallenen Soldaten. Die Nazis gaben ihre Gefallenen mit „stolzer Trauer" bekannt; die anderen verfluchten die Regierung, doch durften sie sich nicht laut äußern.

Bevor noch Hitler kam, habe ich schon Hühner und Hasen gezüchtet, später auch Enten. Diesmal funktionierte die Lebensmittelversorgung besser als im Ersten Weltkrieg. Es war nicht viel, aber was aufgerufen wurde, das bekamen wir ohne Anstellen. Gemüse baute ich selbst; Eier und Hasenfleisch hatten wir zusätzlich. Um uns aber Hühner und Hasen halten zu können, mußte ich wieder Futter für die Tiere suchen; zu kaufen gab es das nicht. Viele haben die Erdhügel, wo die Autobahn geplant war, planiert und bebaut. Ich hab' zwölf solcher Hügel mit unserem Namen besteckt und Mais und Kartoffeln angebaut. Da schon viele Hügel besteckt waren, mußte ich schon weit außer Ort fahren. Gegen Matzendorf hatte ich sechs Hügel zu bearbeiten. Alle zwölf Hügel zusammen hatten eine Fläche von zirka 350 bis 400 Quadratmeter. Pepi war dreieinhalb bis vier Jahre alt. Ich setzte ihn ins Leiterwagerl, nahm etwas zu essen mit, und so fuhren wir hinaus, die Hügel zu bearbeiten und Hasenfutter zu sammeln. So trug ich zum Lebensbedarf bei, weil ich wegen Pepi nicht arbeiten gehen konnte. Pepperl hat Schicht gearbeitet. Er machte auch viele Überstunden.

Der Krieg weitete sich immer mehr aus. Hitler hat nach Polen auch Holland, Belgien, Dänemark, Norwegen und Frankreich blitzartig besetzt. Immer mehr Männer mußten zum Militär, dafür wurden Männer und Mädchen aus den besetzten Gebieten für Munitionserzeugung in Deutschland und Österreich dienstverpflichtet. Sie wurden in schnell errichteten Baracken untergebracht und verpflegt. Reden oder gar mit ihnen verkehren war bei strenger Strafe verboten. 1941 begann der Krieg mit Jugoslawien und Griechenland, und auch in Nordafrika glaubte Hitler ein Recht zu haben, alle zu unterdrücken.

Am 22. Juni 1941 ließ er die Truppen in Rußland einmarschieren. Das war der Gipfel des Wahnsinns. Jetzt hatte Hitler die ganze Welt gegen sich. Er trieb die Soldaten immer weiter vorwärts, und dahinter bereiteten ihnen Partisanen große Verluste. Der Nachschub funktionierte nicht mehr; dazu kam der harte russische Winter. Die Front kam fast bis Moskau und im Süden bis Stalingrad. Dort wurde eine ganze Armee eingekreist. Tag und Nacht wurden die armen Soldaten bombardiert, ohne Nachschub und Essen. Stalingrad wurde ein Trümmerhaufen, mit Tausenden Toten. Tausende starben auf dem Weg ins Gefangenenlager, Tausende starben im Lager an Hunger und Krankheiten.

Das war der Wendepunkt. Die Front wurde immer mehr nach rückwärts verlegt; der Nachschub blieb aus, die Russen rückten nach. Amerika trat in den Krieg gegen Hitler ein. Von da an flogen große Flugzeuggeschwader nach Deutschland und bombardierten Rüstungsbetriebe, Verbindungslinien, später die Städte.

Der erste Bombenangriff in Österreich war im Sommer 1943 in Wiener Neustadt. Die Flugzeugfabrik südlich von Wiener Neustadt wurde angegriffen, und viele umliegende Häuser wurden zerstört; viele Menschen fanden den Tod. Die Menschen waren darauf nicht eingerichtet, da bis dahin in Österreich Ruhe herrschte. Jetzt begann auch in Österreich der Bau von Luftschutzbunkern und Splittergräben.

Auch wir haben uns im Garten einen Luftschutzbunker gemacht. Er faßte vier Sitzplätze und drei Stehplätze. Einen Volltreffer hätten wir nicht überlebt, aber wir fühlten uns hier sicherer als im kleinen Keller unter dem Haus, weil wir den Hauseinsturz fürchteten.

Der Bunker war noch nicht ganz fertig, da war der zweite Bombenangriff auf Wiener Neustadt. Diesmal heulten die Sirenen, und die Menschen konnten im Keller oder sonstwo Schutz suchen. Es war am frühen Nachmittag. Ich ging mit Pepe in den Bunker, und wir setzten uns ins hinterste Eck, da die Einstiegsluke noch nicht fertig war. Wir hörten die Geschwader über unseren Köpfen, dann ein Sausen und Krachen, Klirren, Steine und Trümmer flogen durch die Luke in den Bunker, wir drückten uns ins Eck, mir war flau im Magen. Als es ruhig wurde, kroch ich hinaus und sah, was geschehen war. Ungefähr 60 Meter hinter unserem Garten waren drei Bomben gefallen. Zu der Zeit war hinter unserem Garten noch nicht verbaut. Da waren noch Weingärten und Äcker. Durch die Steine der drei Trichter und Bombensplitter entstand erheblicher Schaden an den Häusern herum. Auf der Hofseite waren Fenster und Dachziegel kaputt. Das Dach reparierten wir selbst. Das war der Anfang von Not, Elend, Angst und vom Krieg; doch er dauerte noch über zwei Jahre, und es wurde immer schlimmer.

Barbara Waß

Barbara Waß, geboren 1944 in Riegau/Abtenau als Tochter eines Holzknechts und Berg-
bauern, arbeitete nach Abschluss der Volksschulzeit als Kindergartenhelferin; ihrer 1965
geschlossenen Ehe entstammen drei Kinder.

Sennerinnen

Meine Großmutter ist im Jahr 1876 geboren. Schon als ganz junges Mädchen war sie zusammen mit ihrer Mutter auf eine Alm im Taborgebiet (bei Abtenau) gegangen. Später war sie dann auf verschiedenen anderen Almen in der Umgebung von Abtenau. Sie war noch Sennerin, als sie schon über 70 Jahre alt war.

Ein Sommer, den sie nicht auf der Alm verbringen konnte, war für sie ein verlorener Sommer. Das änderte sich auch nicht, als sie im Jahr 1906 heiratete. Wenn es auch nur wenige Frauen gegeben haben mag, die so besessene Sennerinnen waren wie meine Großmutter, so gab es doch viele, für die die Alm und das Vieh einfach ihr Leben waren.

Ich fragte eine Bäuerin, die seit 1941 mit wenigen Unterbrechungen im Sommer auf der Alm ist und dort auch eine Jausenstation betreibt, weshalb sie eigentlich immer wieder auf die Alm geht. Sie wußte es selbst nicht so genau zu sagen. Sie meinte, zu Hause könnten sie sonst weniger Vieh füttern, und es habe sich eben so ergeben. Sie sei halt gerne auf der Alm, und sie könnte sich auch gar nichts anderes vorstellen.

Sie meinte, die Kühe wollten ja auch auf die Alm. Wenn sie im Frühling auf die Wiese kämen, würden sie schon ganz unruhig. Sie wüßten ganz genau, daß jetzt wieder die Almzeit komme. Besonders eine Kuh „plärrt schon immer, wenn sie hinauskommt", meinte sie, und dann fügte sie noch hinzu: „Die ist ja noch viel blöder als ich!" Daß das Vieh im Frühjahr ganz genau spürt, daß bald die Almzeit kommt, wurde mir auch von anderen bestätigt.

Eine andere Bäuerin, die im Sommer ebenfalls viel Zeit auf der Alm ist, wo die Tochter die Jausenstation betreibt und das Vieh versorgt, erzählte mir, daß schon gar keine Kuh zu Hause bleiben wollte, wenn die anderen auf die Alm gingen. „Die jammerten anders, wenn eine daheimbleiben müßte", meinte sie.

Eine andere ehemalige Sennerin erzählte mir, sie sei auf die Alm gekommen, weil es ihr der Arzt geraten hatte. Sie sei damals nicht gesund gewesen, und der Arzt habe ihr gesagt, sie solle doch auf die Alm gehen, dann würde sich ihr Leiden von selbst heilen. Durch Zufall erfuhr sie dann auf einer Hochzeit von einem Bauern, der eine Sennerin suchte, und sie kam dadurch als Sennerin auf die Alm. Vorher hatte sie in einem Gasthaus gearbeitet. Sie erholte sich auf der Alm tatsächlich gut, und ihre Krankheit verschwand ohne Medikamente.

Das alles zeigt schon, daß Sennerin nicht unbedingt eine Berufswahl war. Eine wirkliche Berufswahl gab es ja früher in dieser Gegend nicht. Manche Frauen sind Sennerin geworden, weil eben die Umstände entsprechend waren. Dies trifft besonders auf Bauerntöchter zu. Bei vielen Bauern war ja eine Tochter oder eine unverheiratete Schwester des Bauern Sennerin. Da kam es nicht selten vor, daß junge Mädchen schon mit 16 Jahren auf die Alm gehen mußten, weil sonst niemand da war oder der Bauer nicht jemand Fremden anstellen wollte oder konnte.

An sich war der „Beruf" einer Sennerin sehr begehrt und wurde nur dann hoffremden Dienstboten überlassen, wenn auf dem Hof selbst niemand dazu da war. Brauchte ein Bauer eine fremde Sennerin, dann war ihm meist eine schon etwas ältere Frau lieber als ein junges Mädchen. Das hatte mehrere Gründe. Ältere Frauen waren erfahrener beim Vieh, und bei einer jungen, hübschen Sennerin fürchteten die Bauern, daß „d' Hütten voll Löda" (Burschen) sein könnte. Das war den Bauern aus mehreren Gründen nicht recht. Ein Grund war auch der, daß die Sennerin die Leute mit den Almprodukten bewirten könnte. So kam es, daß die Sennerinnen meist ein recht bunt zusammengewürfeltes Völkchen waren. Junge und Alte, Flotte und weniger Flotte. Man erzählte mir, daß auch einige recht „wülde Menscha" dabeigewesen sind.

So soll es eine Sennerin gegeben haben, die regelmäßig gewildert hat. Dem Jäger aber gelang es nie, sie zu überführen. Die Voraussetzungen waren für sie sehr günstig, denn ihre Hütte stand allein. Daß sie dabei einen Helfer gehabt hat, der das Wild wegbrachte und verkaufte, versteht sich von selbst, aber die beiden haben geschickt zusammengearbeitet. Es gab zwar Gerüchte, und die Leute wußten Bescheid, aber aufgekommen ist doch nie richtig etwas.

Eine Sennerin, die ich auch noch gut gekannt habe, war eine ganz besessene Tänzerin. Wenn sie irgendwo Musik hörte, dann mußte sie tanzen. Als

Tanzpartner war ihr jeder recht, der in der Nähe war, da war niemand zu jung und niemand zu alt. Ein ehemaliger Hüterbub erzählte mir, wie sie ihn einmal erwischte. Er war damals noch sehr jung und sehr schüchtern. Doch das machte der Sennerin nichts aus, auch nicht, daß er überhaupt nicht tanzen konnte. Sie packte ihn einfach und sagte: „Komm her, Lehrbua!" – und dann wurde getanzt.

Überhaupt gab es auch früher unter den Frauen, natürlich auch unter den Sennerinnen, viele, die sich sehr wohl zu behaupten wußten, auch ohne Emanzipation. Meine Großmutter gehörte offensichtlich auch dazu, denn sonst wäre sie nicht immer ihrem Ziel, Sennerin zu sein, gefolgt. Sie ging den Weg, den sie sich für ihr Leben vorgestellt hatte, ohne Rücksicht auf irgendwelche Verluste.

Es gab aber auch Typen darunter, die man sich heute überhaupt nicht mehr vorstellen kann. So gab es eine, die immer Männerkleidung trug. Und das zu einer Zeit, in der die Frauen normalerweise noch nicht einmal Unterhosen trugen, von langen Hosen ganz zu schweigen. Wenn sie austreten mußte, dann benutzte sie für diesen Zweck eine Rinne aus Baumrinde, die sie eigens dafür in der Tasche trug.

Von einer Bäuerin aus einer Nachbargemeinde erzählte man mir, daß am Sonntag mitten unter den Leuten auf dem Kirchplatz manchmal ein Bächlein unter ihr weggeronnen ist. Sie hat einfach, während sie mit den anderen Leuten geredet hat, ein wenig ihre Röcke gehoben.

Teilweise gab es schon sehr rauhe Sitten. Ich habe da als Kind von alten Leuten noch manches erlebt, wodurch ich mir solche Vorkommnisse gut vorstellen kann. Die Verhältnisse waren eben vor 50, 60 Jahren auf dem Land noch völlig anders.

Aber zurück zu den Sennerinnen auf der Alm. Weshalb Frauen gern auf die Alm gingen, hatte sicher mehrere Gründe. Außer der Liebe zum Vieh und zu der Alm überhaupt ermöglichte das Leben auf der Alm ein recht unabhängiges Leben. Die Sennerin war ein freier Mensch, sie war mehr oder weniger ihr „eigener Herr". Wenn sie das Vieh gut versorgte, redete ihr der Bauer nichts drein. Das Vieh war ja die Existenz des Bauern, und wenn jemand da fleißig war, dann war das sehr wichtig. Von einer guten Sennerin hing viel ab.

So wird die Sennerin irgendwie bevorzugt behandelt. Sie hatte auch gewisse Privilegien gegenüber den anderen Dienstboten. Gab es auf dem Hof etwa Reibereien unter den Dienstboten, dann hatte die Sennerin eher die Oberhand. Die anderen Dienstboten waren immer unter Aufsicht, während die Sennerin sich ihre Arbeit mehr oder weniger selbst einteilen konnte.

Zwar mußte sie sehr früh aufstehen, im Sommer schon um drei Uhr oder sogar noch früher, doch wenn sie mit ihrer Arbeit fertig war, hatte sie eine Zeitlang Ruhe. Sie konnte am Nachmittag eine Weile schlafen oder sonst etwas tun. Sie hatte Zeit für sich selbst.

Auf dem Hof gab es das nicht. Wenn die Dienstboten im Sommer um zwei Uhr aufstehen mußten, weil es zum Mähen war, dann hatten sie tagsüber deshalb ganz sicher auch keine Freizeit. Im Gegenteil, solche Tage waren für sie besonders anstrengend, denn es war den ganzen Tag zum Heuen.

Die Sennerinnen waren auch nicht der Hitze auf den Feldern ausgesetzt. Es konnte auf der Alm jederzeit jeder kommen und gehen, wenn nicht gerade jemand vom Hof da war. Das wäre auf dem Hof undenkbar gewesen.

Früher, als noch die meisten Hütten bewirtschaftet waren, war es auf den Almen oft viel weniger einsam als auf so manchem Bergbauernhof. Es herrschte ein reges Kommen und Gehen.

Es gab ja nicht viel Vergnügen und nicht viele Veranstaltungen. Für die jungen Leute war im Sommer das Hauptvergnügen, am Sonntagnachmittag oder am Samstagabend auf die Alm zu gehen. So manche Almhütte war an solchen Tagen zum Bersten voll. Irgend jemand spielte auf einer Harmonika oder auf einem „Fozhobi" (Mundharmonika). Da konnte es schon vorkommen, daß die Leute gerade rechtzeitig in der Früh zur Arbeit nach Hause kamen.

Eine Frau erzählte mir, sie sei nach einer solchen Nacht, nach einem solchen „Almblitz", einmal bei der Arbeit eingeschlafen. Sie mußte nämlich am nächsten Tag ganz allein „Hoar" jäten (Hoar = Flachs). Das war ohnehin eine langweilige Arbeit. Noch dazu war es sehr warm, und da fiel sie einfach vornüber in den Flachs und schlief ein. Sie schlief wohl eine ganze Weile, doch konnte sie vom Haus aus nicht gesehen werden, weil eine Hütte dazwischen stand. So fiel es niemandem auf. Nur im Flachs blieb eine Stelle, wo die jungen Halme niedergedrückt waren.

Mein Großvater war übrigens ein guter Mundharmonikaspieler. Er saß oft stundenlang, ja nächtelang in der Hütte meiner Großmutter auf der Herdbank und spielte. Meine Mutter erinnert sich noch daran, daß sie als kleines Mädchen dabei auf seinem Schoß liegen und zuhören durfte, wenn sie ein-

mal auf der Alm war. Erst wenn sie vor Müdigkeit eingeschlafen war und herunterzufallen drohte, wurde sie ins Bett gebracht.

In der Hütte meiner Großmutter gab es recht oft Unterhaltung. Die Leute gingen gerne hin, und Großmutter hatte auf diese Weise einen großen Bekanntenkreis. Das war übrigens mit ein Vorteil des Lebens einer Sennerin. Auf die Almen kamen die Leute von verschiedenen Seiten und aus verschiedenen Orten. Die eine oder andere Sennerin heiratete schließlich dadurch auch an einen anderen Ort.

Im Postalmgebiet, in dem meine Großmutter sehr lange Sennerin war, verkehrten auch viele Leute aus dem Salzkammergut. Die „Entern" wurden sie genannt, und man meinte damit die Leute von „drüben", speziell aus Bad Ischl, Strobl, die „Aberseer" (ein Ort am Wolfgangsee) usw. Die „Entern" waren es auch, die folgenden Spruch auf die Hütten im Wiesler (eine Alm im Postalmgebiet) aufgebracht haben:

Bei der ersten Hütten bin i niedagsessen,
Bei der zweiten Hütten hab i Mili gessn,
Bei der dritten Hütten war der Riegel für,
Bei der vierten Hütten war mir d'Sennrin z' schiach,
Bei der fünften Hütten hab i einigschaut,
Sitzt der Jaga drin und frißt a Kraut.
Bei der sechsten Hütten habm mi d' Flöh vertriebn,
Und bei der siebten Hütten bin i bliebm.

Großmutter war bei der siebten Hütte Sennerin. Sie hatte viele gute Bekannte aus den Orten im Salzkammergut, und sie machte auch manchmal einen Besuch dort. Wer von den anderen Leuten aus dieser Gegend kam damals schon ins Salzkammergut?

Es war auch eine Sensation, daß sie dabei mit der Ischler Bahn fuhr, wo sehr viele Leute hier überhaupt noch nie einen Zug gesehen hatten. Bis zur nächsten Bahnstation in Golling war es vier Stunden zu gehen. Es bestand ja für die Leute auch gar keine Notwendigkeit, etwa nach Salzburg zu fahren. In Abtenau war alles da, was man brauchte. Es gab dort auch ein Gericht und ein Grundbuch. Bis ins Salzkammergut war es eine „weite Reise". Erst in den fünfziger Jahren kam es vor, daß eine Firmfahrt ins Salzkammergut ging, doch da mußte man schon einen guten „Gödn" (Paten) haben. Großmutters Verbindungen nach „drüben" waren sehr eng. So stammte auch der Vater einer ihrer Töchter aus Bad Ischl. Der Mann hat sich wahrscheinlich bei einem Gang auf die Alm eine Lungenentzündung zugezogen und ist sehr jung gestorben. Er war ein Bauernsohn, und meine Tante verbrachte als Kind mehrmals einige Zeit auf dem Heimathof ihres verstorbenen Vaters.

Sie hatte dort ein Erlebnis, das sie niemals mehr vergessen sollte. Sie erzählte mir selbst einmal davon: Sie war gerade in Bad Ischl, als der Kronprinz Franz Ferdinand ermordet wurde. Als damals Vierzehnjährige hatte sie den Einzug des Kaisers in seine Sommerresidenz in Ischl miterlebt und dann auch die Nachricht vom Tod des Thronfolgers und die folgenden Ereignisse mitbekommen. Die Leute in der Umgebung von Bad Ischl waren ja besonders eng mit dem Kaiserhaus verbunden.

In Abtenau selbst waren der Kaiser und alles, was damit zusammenhing, viel weiter weg, und so war dieses Ereignis für gleichaltrige Leute in dieser

Gegend sicher bei weitem nicht ein so bleibendes Erlebnis wie für meine Tante.

Diese Tante war dann schon als sehr junges Mädchen zusammen mit ihrer Mutter Sennerin. Die Hütte gehörte zwar einem einzigen Bauern, doch sie wurde eine Zeitlang wie eine Doppelhütte bewirtschaftet. Der Grund lag darin, daß der junge Bauer nicht recht wirtschaften konnte. So behielt sich der alte Bauer bei der Hofübergabe die Alm und einen Teil vom Vieh zurück. Meine Großmutter war Sennerin beim alten und meine Tante wurde Sennerin beim jungen Bauern. Meine Tante heiratete schließlich den jüngeren Sohn des Bauern, und dieser erbte später auch die Alm.

Großmutter blieb dort Sennerin. Sie war von ihren mehr als 50 Sommern auf der Alm allein 38 Jahre in dieser Hütte. Meine Tante war insgesamt 24 Jahre in der Hütte Sennerin. Zuerst in jungen Jahren zusammen mit ihrer Mutter und dann später wieder lange Zeit, als sie schon Altbäuerin war. Wie Großmutter hatte auch sie eine ganz besondere Bindung zur Alm, und sie war noch Sennerin, als sie schon über siebzig war. Als sie nicht mehr auf die Alm gehen konnte, wurde auch diese Alm aufgelassen.

In den letzten Jahren, ehe diese Almen aufgelassen wurden, gab es dort schon eine Straße, und die Milch wurde hinuntergefahren und in die Molkerei gebracht. Nur auf den Almen, wo es noch keine Straße gab, wurde die Milch verarbeitet.

Die Arbeit der Sennerin

Der Arbeitstag einer Sennerin begann meistens schon um drei Uhr morgens. Als erstes mußte sie die Kühe von der Alm holen. Wenn sie abends das Vieh auf die Weide trieb, achtete sie schon darauf, in welche Richtung es geht. Während die Tiere fressen, gehen sie ja auch gleichzeitig weiter. Die Hütten stehen meistens in einer Mulde, und es ist wichtig zu wissen, auf welcher Seite das Vieh hinaufgegangen ist.

Eine Sennerin mußte vor allem gut zu Fuß sein, denn um das Vieh zu holen, mußte sie regelmäßig weite Strecken zurücklegen. Meine Großmutter nahm dazu natürlich immer ihren Hund mit. Außerdem hatte sie auch stets ihren „Stackelsteckn" dabei. Das war ein langer Stock, der unten einen Eisenspitz hatte. Früher hat man zum Berggehen meistens solche Stöcke benutzt.

Mein Vater haue auch immer seinen Stackelstecken mit, wenn er auf den Berg zur Arbeit ging.

Ich habe als junges Mädchen noch den Stock meiner Großmutter benutzt, wenn wir ins Tennengebirge gingen. Besonders beim Bergabgehen ist ein solcher Stock eine große Hilfe, wenn man damit umgehen kann. Mein Vater hatte einen Stock, der zwei Meter lang war. Als ihn einmal Fremde so mit seinem Stock einen steilen Weg sehr schnell hinuntergehen sahen, wollten sie das auch ausprobieren. Der Versuch endete allerdings damit, daß der Mann den Stock zwischen die Beine bekam und direkt gegen einen Baum fiel.

Großmutter brauchte ihren Stackelstecken allerdings nicht nur zum Gehen, sondern auch zum Kühetreiben. Dieses Küheholen beziehungsweise -suchen war für die Sennerinnen mit verschiedenen Abenteuern verbunden. Besonders wenn es nebelig war, konnte es passieren, daß sie mehrere Stunden unterwegs waren. Bei Nebel waren sie hauptsächlich auf den Klang der Kuhglocken angewiesen. Eine Sennerin erkannte ja ihre Kühe am Klang der Glocken. Sowohl eine Kuh, die Glockkuh, als auch eine Kalbin und auch ein Kalb trugen eine Glocke. Die Glocke der Kuh wurde die „Speisglockn" genannt.

Auch heute haben die Glocken beim Vieh auf der Alm noch eine genauso wichtige Funktion. Leider kommt es in letzter Zeit öfter vor, daß dem Vieh die Glocke abgenommen und als Souvenir mitgenommen wird. Leute, die so etwas tun, bedenken wohl nicht, daß sie – über den Diebstahl hinaus – noch viel größeren Schaden anrichten können. Ohne Glocke ist das Vieh noch viel schwerer zu finden, und man merkt es auch nicht, wenn es in gefährliches Gelände kommt. Darüber hinaus ist das Vieh an die Glocke gewöhnt, und wenn diese Glocke fehlt, geht ihm etwas ab. Es wird dadurch unruhig und führungslos.

Überhaupt wird mit dem Vieh auf der Alm von den Touristen viel Unfug getrieben. Schon allein die Tatsache, daß oft Sachen einfach weggeworfen werden, kann großen Schaden anrichten. Eine Bäuerin erzählte mir, daß eine Kalbin auf der Alm eine Plastiktasche gefressen hat und daran erstickt ist. Man muß sich einmal vorstellen, welchen Schaden so etwas anrichtet. Wanderer sollten wirklich etwas vernünftiger sein.

Es ist auch sehr leichtsinnig, wenn Kinder oder Erwachsene das Vieh auf der Weide angreifen. So eine Kuh braucht nur anständig den Kopf zu schütteln, dadurch schon können erhebliche Verletzungen durch die Hörner passieren. Auch Fohlen sind sehr unberechenbar. Sie sind zwar sehr lieb, doch sie können plötzlich beißen oder ausschlagen. Das Muttertier kann ebenfalls sehr böse reagieren, wenn man sein Fohlen angreift. Tiere sind immer unberechenbar, und es ist sehr leichtsinnig, wenn man sie auf der Weide angreift. Man muß mit ihnen umzugehen wissen.

Die Sennerinnen wußten wirklich mit ihren Tieren umzugehen. Sie kannten jedes einzelne Stück, auch wenn sie mehr als 20 hatten. Bei der Hütte, bei der meine Großmutter war, sind 24 „Gräser" dabei, das heißt, der Bauer durfte 24 Stück Vieh auf der Alm haben. Wenn er selbst nicht so viele hatte, dann waren eben ein paar Annehmkühe dabei, also Kühe, die einem anderen Bauern, der keine Alm hatte, gehörten. Großmutter hatte auch einmal zwei Ochsen dabei. Sie hatten im Stall nicht mehr Platz, weil alles schon so voll war. Sie mußte sie neben der Tür anhängen.

Sie hatte also immer allerhand zu tun, wenn sie ihr Vieh zur Hütte treiben mußte. Es konnte dabei so manches Hindernis geben. Jede Alm hat so ihre Tücken. Im Ackersbach war das Wasser ein Problem. Die Hütten stehen wie im Wiesler in einer Mulde, in der Mitte fließt ein Bach durch, der bei Schönwetter ganz harmlos, bei Schlechtwetter aber sehr wild ist. Eine Sennerin erzählte mir, daß sie einmal von der anderen Seite des Baches ihr Vieh geholt hatte, und als sie zurückkam, war der Bach so tief, daß sie das Vieh nicht mehr hinüberbrachte.

Auf dem Trattberg, wo es viel Nebel gibt, war es oft schwer, das Vieh von der Höhe hinunterzutreiben, weil es dort teilweise sehr gefährlich war. Bei Schlechtwetter gingen die Sennerinnen gerne mitsammen. Eine Sennerin, die ich einmal dort besucht habe, erzählte mir, wie es ihr einmal gegangen ist. Zusammen mit einer anderen Sennerin suchte sie ihr Vieh und fand es dann auf der Höhe. Sie wollten das Vieh nur heruntertreiben, doch es gelang ihnen nicht. Die Kühe drehten immer wieder um und begannen zu fressen. Schließlich beschlossen sie, das Vieh einfach zu treiben und seinen eigenen Weg gehen zu lassen.

Erst als sie weiter herunten waren, stellten sie fest, daß sie die Orientierung verloren hatten und das Vieh direkt über die felsigen Stellen hätten heruntertreiben wollen. Das Vieh hatte das offenbar gemerkt und sich geweigert, in diese Richtung zu gehen.

Das Wiesler, wo meine Großmutter so lange war, war ja eine sehr schöne Alm. Es gibt dort nicht so viele gefährliche Stellen. Es ist aber eine sehr weite

Alm, und so hatte sie immer sehr lange Wege zurückzulegen – und das bei jedem Wetter.

Hatte man das Vieh erst einmal im Tret angehängt, dann war es zum Melken. Nur wer diese Arbeit kennt, weiß auch, daß das gar nicht so einfach ist. Ich erinnere mich noch sehr gut, wie ich meine ersten Versuche gemacht habe. Ich war damals etwa zehn Jahre alt.

In unserem Stall standen drei Kühe. Die erste war ziemlich groß und überhaupt sehr schwer zu melken. Sie kam also für mich überhaupt nicht in Frage. Auch die zweite war nicht für mich geeignet. Blieb die dritte. Sie hieß „Reim" und war relativ klein. Namen wie „Glück" oder „Reim" hatte man gerne für Kühe. „Reim haben" sagt man, wenn im Stall alles gutgeht. Gibt es Unglück, so daß ein Stück Vieh krank ist und stirbt, dann sagt man, der Bauer hat „Unreim" gehabt.

Unsere Reim sollte also für mich als Versuchskaninchen dienen. Sie war zwar eine recht gute Milchkuh, doch sie hatte kleine Zitzen, die ich mit meinen noch kleinen Händen eher fassen konnte. Natürlich wurden meine Versuche gestartet, als sie nicht mehr viel Milch gab. In der guten Milchzeit hätte meine Mutter viel zuviel Angst gehabt, ich könnte sie „verstrupfen". Wenn eine Kuh nämlich nicht richtig gemolken wird, dann gibt sie die Milch auch nicht mehr richtig her. Also begannen meine Versuche zu einer Zeit, wo sie bald „pseichn" sollte, das heißt, sie gab nur noch wenig Milch, weil sie trächtig war.

Früher nahm man zum Melken keinen Eimer, sondern einen hölzernen „Sechter". Das ist ein Gefäß, das gemacht ist wie ein kleines Schaff. Eine „Taufi" (Daube) war etwas länger und hatte ein Loch, damit man den Sechter tragen konnte. Ich nahm also meinen Sechter und setzte mich zur Reim. Sie war eine recht gutmütige Kuh, doch war sie anscheinend doch nicht gewillt, ein Versuchskaninchen abzugeben.

Kaum hatte ich den Sechter zwischen die Knie gestemmt, machte sie einen Schritt nach vor, nach hinten oder zur Seite, so daß ich wieder nachrücken mußte. Wenn ich meiner Mutter zusah, so ging das anscheinend ganz leicht. Die Milch schoß nur so in den Sechter, und es wurde ein schöner „Foam" (Schaum) darauf. Doch ich hatte Mühe, überhaupt etwas herauszubringen. Nebenbei bekam ich immer den Schwanz der Kuh ins Gesicht geschlagen, und sie trat mir auch mehrmals auf die Zehen.

Es dauerte eine geraume Zeit, bis ich halbwegs melken und mich auch an eine andere Kuh heranwagen konnte. Da wir dann von dem Hof, den wir nur gepachtet hatten, wegkamen, habe ich dann jahrelang nicht mehr gemolken. Jahre später war ich einmal mit einer Gruppe junger Leute auf der Alm in Seewaldsee. Es ging sehr lustig zu, und die Sennerin kam erst spät in den Stall. Wir jungen Leute halfen ihr ein bißchen, und ich habe auch eine Kuh gemolken, weil ich die einzige war, die es konnte. Jedenfalls habe ich mir das eingebildet. Ich hatte es zwar nicht verlernt, doch ich war es nicht mehr gewohnt, und mir taten dabei die Hände so weh, daß ich Mühe hatte, die eine Kuh fertigzumelken. Die Sennerin amüsierte sich sehr darüber, sie war diese Arbeit gewohnt.

In der Früh muß die Sennerin dazuschaun, daß sie bis spätestens sechs Uhr mit dem Melken fertig ist, damit das Vieh wieder auf die Alm kommt. Dann heißt es die Milch verarbeiten.

Zuerst muß die Milchmaschine zusammengestellt werden. Die Maschine, mit der die Milch entrahmt wird, muß nämlich nach jedem Gebrauch in alle Einzelteile zerlegt und sorgfältig gewaschen werden. Zum Trocknen wurde sie gern vor der Tür auf ein Brett gelegt. Auch wir haben die Teile der Milchmaschine immer bei schönem Wetter auf die Hausbank zum Trocknen gelegt. Das Zusammenstellen war immer meine Arbeit.

Da war zuerst einmal die Trommel. Sie bestand aus dem Unterteil mit der Spindel und, soweit ich mich noch erinnern kann, aus 24 „Schüsserln“. Die Schüsserln mußten alle auf die Spindel aufgelegt werden. Das ging genau her, denn sie hatten alle einen Falz, so daß man sie genau auflegen mußte. Darüber kam der Trommelmantel, der mit einer Schraube festgemacht und mit einem eigens dafür gemachten Schraubenschlüssel angezogen werden mußte. Die Trommel wurde dann auf die Maschine getan, darüber die beiden Schläuche mit dem Oberteil und schließlich das große Milchgefäß.

Das Betreiben der Maschine mit der Kurbel war gar nicht so einfach. Zuerst mußte man die Maschine erst richtig in Schwung bringen. Da war eine Glocke, die bei jeder Umdrehung anschlug. Hatte die Maschine den richtigen Schwung, dann klang die Glocke nur noch sehr dumpf. Erst jetzt durfte man den Milchhahn aufmachen und die Milch hineinrinnen lassen. Es war wichtig, immer die gleiche Geschwindigkeit zu haben. Trieb man zu schnell, dann wurde die Milch zuwenig, und trieb man zu langsam, dann wurde sie zuviel abgerahmt. Ich hatte da mit unserer Milchmaschine so meine Erlebnisse; einmal zu schnell, dann wieder zu langsam. Doch Mutter achtete schon darauf, daß ich immer richtig trieb. Unsere Maschine war nicht mehr die jüngste und hatte noch zusätzlich ihre Mucken. Wenn man nicht ganz gleichmäßig trieb, dann begann sie zu rumpeln und zu zittern. Man mußte dann stehenbleiben, bis sie damit aufhörte, dann mußte man wieder von neuem beginnen.

Auf den Almen war besonders im Frühsommer viel Milch, so daß die Sennerin mehrmals nachfüllen mußte, weil die Milch auf einmal nicht in den Trichter ging. Da konnte es schon sein, daß die Milchmaschine eine Stunde und auch mehr betrieben werden mußte.

Eine andere Arbeit, die die Sennerin täglich tun mußte, war das Butterrühren. Der Rahm vom Vortag mußte gerührt werden. Meine Mutter erinnert sich noch daran, daß Großmutter einen Stoßkübel aus Holz hatte. Bei den Stoßkübeln mußte man beim Rühren den Rührstab, an dem unten ein genau in den Kübel passendes Brett mit Löchern angebracht war, schön gleichmäßig hochziehen und wieder hinunterstoßen.

Großmutter hatte in ihrer Hütte dafür eine besondere Vorrichtung. Diese sah ähnlich aus wie ein Leierbrunnen und war auch so zu bedienen. Später kamen dann die runden Rührkübel aus Holz oder Blech, die mit einer Kurbel betrieben wurden.

Ich habe auf einer Alm, die seit einiger Zeit wieder als Jausenstation bewirtschaftet wird und auf der auch die Almwirtschaft wieder betrieben wird, eine solche Buttermaschine und auch eine Milchmaschine gefunden. Ich habe auch ein bißchen Butter gerührt, und dabei sind mir meine eigenen Erlebnisse in diesem Zusammenhang wieder eingefallen.

Mit einer Rührmaschine hatte ich einmal ein ganz besonderes Pech. Die Teile der Maschine waren gemeinsam mit dem anderen Milchgeschirr auf der Hausbank zum Trocknen aufgestellt. Ich wurde geschickt, einen Kübel von dort zu holen. Ich nahm den Kübel zwischen dem anderen Geschirr heraus und ging damit zu meiner Mutter. Da kam plötzlich der Rührkübel hinter mir hergerollt. Keiner von uns konnte ihn aufhalten. Der Kübel kollerte den steilen Hang hinunter und flog in hohem Bogen mit einer solchen Wucht auf eine große Buche, daß sogar die Rinde erheblich verletzt war.

Den Kübel fanden wir schließlich im Graben unten zwischen den Bäumen. Er war in einem traurigen Zustand: überall verbeult und zusammengedrückt. Der Spengler brachte ihn dann wieder halbwegs in die alte Form,

doch der Kübel hatte für alle Zeiten deutliche Spuren von diesem Ausflug. Ich wurde dadurch stets an meine Missetat erinnert und war in Zukunft vorsichtig, wenn ich mit dem Milchgeschirr zu tun hatte.

Das „Rüahrat"-Einrichten und das Rühren waren heikel. Die Rührmaschine muß zuerst mit heißem und dann mit kaltem Wasser ausgeschwemmt werden, denn sie muß genau die richtige Temperatur haben: Ist das „Rüahrat" zu kalt, dann „wird es nicht", es wird keine Butter; ist es zu warm, dann wird die Butter auch nicht richtig. Es kann aber auch passieren, daß das Rüahrat „launig" wird. Das geschieht, wenn nicht richtig und gleichmäßig getrieben wird. Je besser alles stimmt, desto besser geht das Rühren.

Für all die Arbeit mit der Butter ist nicht jedes Wasser geeignet. Viele Sennerinnen mußten das „Butterwasser" weit herholen, weil das Wasser, das sie sonst verwendeten, nicht geeignet war.

Auch alles andere Geschirr, das beim Buttermachen verwendet wurde, mußte zuerst heiß und dann kalt ausgespült werden. War die Butter fertig, dann wurde die „Rührmilch" aus dem Kübel herausgeschüttet und dann wurde die Butter herausgeholt und „gewaschen".

Die Rührmilch, die direkt aus der Buttermaschine kommt, ist anders als die Buttermilch, die man zu kaufen bekommt. Sie ist nicht sauer und auch nicht dick. Es schwimmen richtige kleine Butterstückchen darin.

Die Butter wurde in einer großen Holzschüssel oder in einem „Frenti", einem Schaff, immer wieder mit kaltem Wasser „gewaschen". Sie wurde so lange durchgeknetet, bis das Wasser rein blieb. Das Wasser mußte immer gewechselt und die Hände mußten ebenfalls zuerst in heißes und dann in kaltes Wasser eingetaucht werden, damit sie nicht klebten. Dann wurde eine runde Kugel daraus gemacht. Jetzt mußte sie noch zu einem viereckigen Stock geformt werden.

Dazu nahm man zwei Bretter mit einem Stiel. Ich habe noch ein solches altes Butterbrett in Gebrauch. Es hat am Stiel die Zahl 24 eingeschnitten. Das ist das Gewicht des Brettes. Das war nötig, weil die Butter samt Brett gewogen wurde. Man wußte dann genau, daß man 24 Dekagramm abziehen mußte.

Das Butterstockmachen war eine recht schwere Arbeit. Man mußte den Butterstock abwechselnd mit dem einen und dann wieder mit dem anderen Brett halten und mit dem zweiten Brett in die richtige Form klopfen. Immerhin hatte so ein Butterstock so um die drei Kilogramm. Er mußte schön viereckig sein, unten etwas schmäler als oben. Der fertige Stock wurde dann mit einer hölzernen Buttermodel verziert.

Aus einem kleinen Teil der Butter machte die Sennerin eine Kugel, genannt „Erd-Bazei". Diese Butter war für den persönlichen Gebrauch bestimmt. Eine Sennerin durfte für sich selbst pro Woche zirka ein Kilogramm Butter verbrauchen.

Bei uns zu Hause wurde, wie bei anderen Bauern auch, öfters statt des Butterstocks ein Butterstriezel gemacht. Die Striezel formte man dadurch, daß man die Butter mit der Schüssel in die richtige Form brachte. Die Striezel wurden dann ebenfalls mit einer Model oder einem Löffel verziert.

Jene Butter, die von der Alm nicht auf den Hof gebracht wurde, wurde verkauft. Das war Arbeit des „Rossers". Der Rosser ist der Hirte für das Vieh, das frei auf der Alm geht. Auf manchen Almen gab es einen eigenen „Schmalzer", der jede Woche die Butter von der Alm hinuntertrug und dann auch für die Sennerinnen einiges einkaufte. Im Wiesler wurde die Butter mit der „Kraxn", einem Holzgestell, das zum Tragen schwerer Lasten dient, nach Strobl gebracht, weil es dorthin näher war. Da Papier früher schwer ankam, wurden die Butterstöcke in große Blätter eingepackt. Diese „Butterbletschn" wuchsen an feuchten Stellen. Sie wurden gewaschen, und sie hielten die Butter auf dem Transport gut frisch.

Das Geld, das für die Butter hereinkam, mußte die Sennerin dem Bauern abliefern. Manchmal kam es vor, daß eine Sennerin für sich selbst etwas verkaufte oder bei einem Hausierer eintauschte. Doch die Bauern wußten ja ungefähr, wieviel zusammenkam. Die meisten Sennerinnen waren auch genau und ehrlich. Es gab aber auch Bauern, die nie recht zufrieden waren. Das war für die Sennerin sehr unangenehm, denn sie konnte nicht mehr zusammenbringen, als die Kühe Milch gaben.

Großmutter hatte eine Zeitlang die größten Schwierigkeiten mit dem Buttergeld. Sie war ja Sennerin beim alten und beim jungen Bauern, und jeder wollte das Geld. Wenn dann der eine schon alles geholt hatte, war der andere wieder zornig. Als dann ihre Tochter beim jungen Bauern Sennerin war und alles getrennt war, mochte es wohl besser gewesen sein.

Außer Butter mußte eine Sennerin auch Käse machen. Ich habe damals, als ich bei meiner Tante auf der Alm war, nicht genug aufgepaßt, daß ich diese Arbeit aus eigener Erfahrung schildern könnte. Doch meine Mutter, die ja öfters bei ihrer Mutter auf der Alm war, hat es noch gelernt und später auch manchmal probiert. Doch wir hatten zuwenig Milch dazu. Großmutter hatte den großen Kaskessel, in dem sie die Milch erhitzte. Dann kam die „Buaß" – ein gelbes Pulver, das Lab – hinein. Dieses Pulver fördert die Gerinnung der Milch. Man durfte nur ganz wenig davon nehmen. Anschließend mußte man das Ganze umrühren. Großmutter machte das immer mit der Hand. Sie sagte, man müßte dabei die Finger auseinanderhalten und etwas abbiegen. Früher wurde auf solche Dinge sehr viel Wert gelegt.

Als nächstes wurde der „Kas-Stutzen" hergerichtet. Das war ein kleines Holzfaß, das am Boden Löcher hat. Dann wurde auf ein Schaff eine Leiter gehängt und der Kas-Stutzen draufgestellt. Auf den Stutzen kam ein ganz feines Tuch, dann wurde die geronnene Milch hineingeschüttet. Die Molke, sie hieß „Juttn", rann somit in das Schaff, und der „Topfn" blieb im Kas-Stutzen. Der Topfn wurde nun sorgfältig festgedrückt, dann kamen ein passendes Brett und ein Stein darauf. Die Juttn wurde an die Kälber verfüttert.

Am nächsten Tag wurde der Käselaib herausgenommen und gesalzen. Er kam nun in die Baumrinde, die die Männer im Frühjahr beim Holzmachen hergerichtet hatten. Die Käselaibe wurden natürlich im Kaskeller aufgestellt. Sie mußten immer wieder gesalzen und umgedreht werden. Wenn der Käse nicht richtig gelang, dann sagte man, das sei ein „Hansl-Patzen". Der Käse wurde ebenfalls von der Alm abgetragen und verkauft. Eine Frau, die im Ackersbach Sennerin war, erzählte mir, dort sei immer der „Käser" aus Hintersee gekommen.

Wenn es schon gegen den Herbst ging, dann wurden Milch und Butter weniger. Dann wurde auch kein Käse mehr gemacht; dafür aber Topfen für die „Kas-Suppn" im Winter. Dieser Topfen wurde auf einen Tisch im Kaskeller geschüttet. Der Tisch hatte rundum einen Rand, damit nichts hinunterfallen konnte. Dort wurde der Topfen kräftig geknetet und dann ein Haufen gemacht. Meine Mutter erinnert sich noch, daß sie gerne von diesem Topfen genascht hat, doch Großmutter merkte es dann, wenn der Haufen nicht die übliche Form hatte. Dieser Topfen hält sehr lang. Er wird auch „Knetkas" genannt. Im Liesertal in Kärnten bekam ich sogar einen zu kosten. Dort heißt er „Suppen-Machat", weil er zur Suppe verwendet wird. Er ist allerdings heute auch dort kaum noch zu bekommen.

Durch all diese Arbeiten hatte die Sennerin dann eine Menge Geschirr zu waschen: da waren die Milchmaschine, das Melkgeschirr, der Kaskessel, die Rührmaschine usw. Man darf nicht vergessen, daß es früher keinerlei Abwaschmittel gab. Man hatte nur reines Wasser, und das mußte oft noch ein ganzes Stück hergetragen werden. Die Sennerin mußte eben mit Bürste und feinem Sand arbeiten. Es mußte alles sehr genau hergehen, denn bei Milch und Butter wird sonst gleich etwas sauer oder ranzig.

Außer der Arbeit mit Milch, Butter und Käse hatte die Sennerin natürlich auch eine Menge anderer Dinge zu tun. Sie mußte auch den Tret putzen und Futter mähen und in die Hütte tragen. Bei manchen Hütten waren die Anger recht schön. Es konnte schon sein, daß der Anger auf der Alm weniger steil war als die Felder zu Hause.

Auf jenen Almen, auf die keine Straße hinaufführt, werden die Anger heute nicht mehr gemäht. Wo noch gemäht wird, wird das natürlich mit dem Motormäher gemacht, und das Heu wird dann mit Traktor und Ladewagen gleich nach Hause gefahren. Die Sennerinnen haben früher mit der Sense gemäht. Das Gras wurde dann mit einem großen Buckelkorb in den Tret getragen. Die Sennerin aus dem Ackersbach erzählte mir, sie sei dabei einmal samt dem vollen Korb in den Bach gefallen. Früher wurde das Grünfutter auch auf dem Hof meistens mit dem Korb heimgetragen.

Heute gibt es kaum noch Körbe. Es gibt ja auch keine „Körbler" mehr. Ich hatte noch die Möglichkeit, einen solchen Körbler bei seiner Arbeit zu beobachten. Er war unser Nachbar. Der Hansi war damals schon ziemlich alt, aber er produzierte noch laufend Körbe verschiedenster Arten und Formen. Er hatte ein kleines Holzhaus, das er sich aus einem Getreidekasten gebaut hatte, den er von zu Hause geerbt hatte.

Ich habe dem Hansi oft bei der Arbeit zugeschaut. Es erforderte viele Arbeitsgänge, bis ein solcher Korb fertig war. Zuerst mußte er die langen, dünnen Stangen im Wassertrog einweichen, dann wurden diese Stangen in dünne Späne geschnitten und wieder ein paar Tage im Wassertrog eingeweicht. Bevor er mit dem Flechten beginnen konnte, mußte er erst die festen Holzteile herstellen. Da waren zwei Hölzer mit je zwei Löchern, die oben und unten im Korb eingearbeitet wurden und durch die dann die Stricke zum Tragen durchgezogen wurden.

Die meiste Arbeit gab jedoch der „Schlitten", der Unterteil des Korbes. In diesen Schlitten werden die senkrechten, etwas dickeren Späne eingezogen. Erst dann konnte mit den dünneren Spänen geflochten werden. Oben bekam der Korb zwei Löcher, damit man ihn tragen konnte. Ganz oben kam dann der dicke, geflochtene Rand. Ich weiß nicht mehr, wie lang der Hansi an einem solchen Korb gearbeitet hat, jedenfalls hing viel Arbeit daran. Außer den großen Buckelkörben hat er auch kleinere „Stezl-Körberln", zum Holztragen und für andere Zwecke, gemacht. Als er starb, vermißten ihn die Leute sehr, weil es weit und breit keinen anderen Körbler gab.

Ich sehe ihn heute noch in meiner Erinnerung, wie er mit seinen Spänen bei uns vorbei zum Wassertrog beim Nachbarn ging. Er kaute dabei immer seinen Kautabak. Gerne machte er eine Rast auf unserer Hausbank. Er wußte immer viele Neuigkeiten zu erzählen, weil zu ihm viele Leute kamen. Wenn er schon einmal etwas nicht genau wußte, dann fragte er so lange nach, bis er erfuhr, was er wissen wollte.

Jetzt bin ich aber sehr weit vom Thema abgeschweift, doch wenn ich an einen Korb denke, dann fällt mir unweigerlich der alte Körbler-Hansl ein.

Aber nun zurück zu den Sennerinnen. Wie bereits erwähnt, kam das Vieh bei Schönwetter zu Mittag oder auch schon früher selbst zur Hütte. Es mußte in den Tret gelassen und angehängt werden. Nachmittags war dann für einige Zeit Ruhe. So etwa gegen vier Uhr nachmittag begann die Arbeit von neuem. Bei Schlechtwetter kam das Vieh nicht, da mußte die Sennerin auch am Nachmittag das Vieh suchen gehen.

Dann war es wieder zum Melken, nachher Viehaustreiben, Tretputzen, Milchabtreiben usw. Bis die Sennerin zum Essen kam, war es sicher acht oder halb neun. Das war so in groben Zügen der Arbeitstag einer Sennerin.

Maria Schuster

Geboren 1915 auf einem Bergbauernhof im Salzburger Lungau (Österreich), Bauerntochter, Dienstmagd und Sennerin. Buchautorin. Gestorben am 25. Mai 2005.

Vom kleinen Leben am großen Hof

Dreimal im Jahr wurden die Strohsäcke neu gefüllt

Natürlich war es Brauch und Sitte, vor Ostern einen gründlichen Hausputz vorzunehmen. Als erstes wurden alle Strohsäcke der Schlafkammern entleert und wieder mit frischem Stroh gefüllt. Für das Bettstroh wurde nur Roggenschab verwendet. Die Schab mußte zuerst aufgeschüttelt werden. Wenn das Stroh durch längere Lagerung schon ausgetrocknet und brüchig war, wurde es mit Wasser bespritzt, damit es länger haltbar blieb.

An die 15 Strohsäcke waren bei uns immer zu füllen, darunter fünf große für zwiespännige Betten – das waren breite Betten, in denen zwei schlafen mußten. Dreimal im Jahr wurden die Strohsäcke frisch gefüllt, vor Weihnachten, vor Ostern und einmal im Sommer.

Nach dieser Arbeit war immer großer Waschtag. Da mußten alle Mägde mit anpacken, während die allwöchentliche Wäsche die Moardirn allein bewältigen mußte. Zur Wochenwäsche gehörten die Wäsche und Bekleidung der Kinder und Bauersleute sowie die Unterwäsche der Knechte. Die Mägde mußten ihre Wäsche selbst waschen; nur bei der Großwäsche durften auch wir unsere Wäsche dazugeben.

Zum Waschen wurde damals nur Aschenlauge verwendet. Es gab ein eigenes Holzfrentei, da kam zu einem Viertel Asche hinein, wurde mit heißem Wasser aufgefüllt und stehengelassen, bis die Lauge klar war. Schließlich wurde sie durch ein Tuch gefiltert, dann war sie gebrauchsfertig.

Nicht allein zum Wäschewaschen wurde diese Lauge verwendet. Alle Gefäße – es gab damals im Haushalt und im Stall ja nur Holzgefäße – wurden mit Aschenlauge geschrubbt. Was immer sonst noch aus Holz war, wie Tische, Bänke und Böden, sogar die Fenster, wurde mit Holzaschenlauge gewaschen. Leider gab es dadurch auch oft offene Hände, weil das Zeug so scharf war. Als Hilfsmittel beim Wäschewaschen hatten wir damals nur die Waschrumpel und bei der Großwäsche für die schweren Leintücher einen Wäscheklopfer. Der Wäscheklopfer war ein Stück Hartholz, rechteckig geformt, mit einem Haltegriff. Die Leintücher aus grobem Bauemleinen waren so schwer; die wurden auf einen Stuhl neben der Waschfrentn gelegt und mit diesem Klopfer bearbeitet. Die Leibwäsche, Tisch- und Handtücher wurden mit Lauge im Wäschedämpfer gekocht.

Auch über das Wäscheglätten will ich hier kurz berichten. Gebügelt wurde damals nur, was man sonntags trug: Männerhemden, Schürzen, Blusen und Kleider. Zum Bügeln diente bei uns ein „Staheleisen". Manche werden diese alten Bügeleisen, bei denen man in das Gehäuse einen erhitzten „Stahel" schob, noch kennen. Den Stahel mußte man vorher in der Herd- oder Ofenglut zum Glühen bringen. Nach Bedarf wurde ein zweiter Stahel erhitzt, damit man beim Bügeln nicht aufgehalten war. Außerdem gab es noch die sogenannten „Kohleneisen", deren Gehäuse mit glühenden Kohlen gefüllt wurde. Diese mußten immer geschwungen werden, damit die Kohlen nicht auskühlten. Dadurch bestand aber auch die Gefahr, daß Glut herausspritzte und die Wäsche versengte.

Werktagskleidung und alle Wäschestücke aus Leinen wurden mit dem „Wäscheroller" bearbeitet. Das Wäschestück wurde möglichst faltenfrei auf eine Walze – etwas kleiner als ein Nudelwalker – gewickelt. Das dazugehörige Rollholz war ungefähr ebenso breit, rechteckig und auf der Unterseite gerillt; an beiden Enden war es mit Griffen versehen. Mit diesem Rollholz wurde die Walze mit der Wäsche hin- und herbewegt; davon wurde das Gewebe geschmeidig und weich.

Außer in den Betten der Bauersleute und Kleinkinder gab es keine Dekkenbezüge, aber jedes Bett war mit zwei Leintüchern versehen. Bei der Menge an Betten war auch das ein respektabler Wäscheberg. Ein Leintuch kam über den Strohsack, eines wurde über die Steppdecke geschlagen. Die meisten Steppdecken waren mit Werg gefüllt und wurden auch auf dem Hof hergestellt. Wenn Bedarf bestand, kam eine Frau, die damit Erfahrung hatte, auf den Hof und nähte einige solcher Steppdecken. Unter- und Oberteil bestanden aus Rupfen und wurden vom Weber zum Teil aus gefärbtem Garn eigens für diesen Zweck hergestellt.

Die Polsterbezüge waren übrigens als einzige nicht aus Bauernleinen, sondern aus gekauftem Baumwollstoff – das war schon fast ein Luxus. Nur die

Bauersleute und die kleineren Kinder waren mit weicherem Bettzeug bedacht – das war ja die Aussteuer der Bäuerin.

Manchmal reichte ein Tag für die Wäsche gar nicht aus, da um vier Uhr nachmittags jede Magd ihrer Haus- und Stallarbeit nachgehen mußte.

War Ostern spät und die Anbauarbeiten schon in vollem Gang, mußte man den Hausputz vor den Feiertagen oft auf den Abend verlegen. Da wurde es am Gründonnerstag und Karfreitag zehn bis elf Uhr abends, ehe man ins Bett kam.

Für den Karsamstag blieb immer noch genug Arbeit: Alle Holzgefäße in Haus und Stall wurden mit Lauge geschrubbt; das Futter für die Tiere mußte für drei Tage im voraus gerichtet werden; Schweine- und Hühnerstall wurden gereinigt; Holz ins Haus geschafft; Moardirn, Viehdirn und Hausdirn hatten jede ihren Teil Hof zu kehren und, und, und ... Die Knechte waren von all diesen Arbeiten befreit.

„Ich konnte mich dem Zauber dieser Atmosphäre nie entziehen"

Die Wochentage waren im bäuerlichen Sprachgebrauch anders benannt als heute: Das waren der „Motog", „Irchtog", „Mittog", „Pfingstog", „Freitog", „Somstog" und „Sunntog". Der Donnerstag der Karwoche war der „Ontloß-pfingstog", und die Eier, die die Hühner von Gründonnerstag bis Karsamstag legten, wurden „Ontloß-Oa" genannt. An jedem dieser Tage wurden drei bis vier Eier zur Seite gelegt und der Name des Tages daraufgeschrieben. Diese Eier kamen ins „Weihpackl" und wurden mit den anderen Speisen am Ostersonntag geweiht. Von den geweihten Eiern wurden wieder drei oder vier weggenommen, die übrigen waren zum Verzehr bestimmt. Eines wurde ins Feuer geworfen und sollte den Hof vor Feuersbrunst schützen. Eines wurde in einer „Lah", einer Erdlawine, vergraben und sollte Mensch, Tier und Flur vor einer Katastrophe bewahren. Eines wurde in den Graben geworfen und sollte vor Hochwasser schützen, und eines, kann ich mich erinnern, haben wir in die „Wänd" geworfen.

Das „Eiertutschen" war ein beliebter Osterbrauch, ganz besonders bei den jungen Leuten. Jeder Dienstbote bekam zu Ostern drei Eier, und es war üblich, daß jeder Besucher mindestens ein Ei geschenkt bekam; besonders die Patenkinder, die jedes Jahr zu Ostern zum sogenannten „Weihessen" bei den

„Gotnleut" eingeladen waren. Daher mußten wir vor Ostern noch weit über 100 Eier färben; mit dieser Arbeit wurden meistens die Kinder und die Hausdirn betraut. Für Verzierungen verwendeten wir beim Färben hauptsächlich Zwiebel- und Eierschalen sowie frische Frühlingsblumen und -kräuter wie Grovialach, Frühlingssafran, Schlüsselblumen. Die Kräuter oder Schalen wurden auf Leinenfleckchen gegeben, um die gewaschenen Eier gebunden und das Ganze in roter Farbe gekocht. Die Ergebnisse waren oft verblüffend.

An den Kartagen hab' ich ungemein gern die Kirche besucht. Sie waren schon als Kind etwas Einmaliges für mich.

Am Gründonnerstag war die Kirche meistens voll wie am Sonntag; da hat sich wohl fast jeder am Vormittag von der Arbeit frei gemacht. Zwei Tage im Jahr waren es, an denen die ganze Pfarrgemeinde die heilige Kommunion empfing: Das waren die Heilige Nacht vom 24. auf den 25. Dezember und zu Ostern der Gründonnerstag. Warum nur diese zwei Tage? Weil man von Mitternacht an nüchtern sein mußte. Gewiß gab es jeden Sonntag auch ein Häuflein Menschen, die ein Opfer bringen wollten, und manchmal haben auch wir dieses Opfer auf uns genommen. Da wir damals zwei Priester hatten, war während der Messe auch immer Beichtgelegenheit, denn „ohne" hätten wir es mit unserem Gewissen nicht vereinbaren können, die Kommunion zu empfangen. Wir haben damals etwas mehr als heute für unser Seelenheil getan: nüchtern vom Vorabend bis nächsten Tag Mittag, und das bei schwerer Arbeit – es hat uns nicht geschadet.

Der Karfreitag war immer etwas ganz Besonderes und übte auf mich eine solche Faszination aus, daß ich die Kirche am liebsten gar nicht verlassen hätte. Die hohen Kirchenfenster waren mit schwarzen Vorhängen verdunkelt, vor dem Hochaltar war das Heilige Grab aufgestellt und strahlte eine unbeschreibliche Ruhe und tiefen Frieden aus – so hab' ich es jedenfalls immer empfunden. Ich konnte mich dem Zauber dieser Atmosphäre nie entziehen; es tat mir nur leid, daß ich all das nur zwei Tage im Jahr bewundern durfte.

Damals wurden die heiligen Messen nur in Latein zelebriert, und am Karfreitag wurde auf dem Chor die Allerheiligenlitanei gesungen. Noch heute klingt das „Ora pro nobis" in meinen Ohren – das war etwas, was einfach dazugehörte. An diesen Kartagen sind wir meistens zweimal am Tag zur Kirche gepilgert, denn bis zur Auferstehung war Grabanbetung. Da waren, wie bei der Osterbeichte, die Sprengel je eine Stunde lang zur Anbetung eingeteilt.

Am Karsamstag war vor der Messe Scheit- und Taufwasserweihe. Vor der Kirche wurde ein Feuer entzündet und geweiht. Daran wurden die Kerzen für den Altar entzündet und die von den Bauernbuben mitgebrachten „Weihscheiteln", von denen jeweils fünf oder sechs mittels Draht an einer längeren Stange befestigt waren, so lange ins Feuer gehalten, daß sie schön angebrannt waren.

Außerdem wurde der sogenannte „Ehrtaf" geweiht. Das war ein ganz besonderes Wasser, das nicht wie gewöhnliches Weihwasser verwendet wurde. Wir mußten dafür immer ein zwei bis drei Liter fassendes Gefäß mitnehmen, um dieses kostbare Wasser heimzutragen. Am Nachmittag ging dann der Bauer mit ein wenig Ehrtaf und einem Palmbesen hinaus auf den Kornacker, steckte den Palmbesen in die Erde und besprengte den Acker mit dem geweihten Wasser.

Die Weihscheite wurden wie die Palmbesen aufbewahrt. Zog im Sommer ein schweres Gewitter auf, nahm Mutter den Ehrtaf, ging damit vors Haus und sprengte ihn in Richtung Getreideacker; dann warf sie Palmkätzchen und ein geweihtes Holzscheit ins Feuer. Die Scheiter, die übrigblieben, wurden zu Weihnachten beim Räuchern in Späne geschnitten und in die Glut gegeben.

Den Höhepunkt dieser Tage bildete dann am Samstagnachmittag die Auferstehungsfeier. Sie war damals immer um vier Uhr nachmittags. Darum konnten die Mägde, für die um diese Zeit die Haus- und Stallarbeit begann, nie an dieser schönen Feier teilnehmen, aber während ihrer Arbeit dachte wohl jede an dieses große Ereignis und sprach für sich ein stilles Gebet.

Obwohl der Karsamstag ein halber Feiertag war und zumindest am Nachmittag nicht mehr auf den Feldern gearbeitet wurde, hatten Bäuerin und Mägde an diesem Tag noch ungemein viel Arbeit. Bei uns wurde damals noch die schöne Weihbutter hergestellt. Natürlich wurde dazu nur frisch gerührte Butter verwendet, also hieß es am Morgen nach der Stallarbeit für die Sennerin: Butter rühren. Gemeinsam mit Mutter produzierte sie dann dieses Kunstwerk. Dazu brauchte man: vier einfache Buttermodel, meist mit österlichen Motiven wie Osterlamm, Monstranz etc., einen doppelten für das Lämmchen, eine Butterspritze mit einer Stern- und einer Siebtülle und Lebkuchen als inneren Kern. Die Model wurden zuerst in heißes, dann in kaltes Wasser gelegt. Dann wurden sie dick mit Butter bestrichen und wieder in kaltes Wasser gelegt. Inzwischen wurden vier oder mehr Lebkuchenstücke, je nach Größe, zu einem viereckigen Turm zusammengestellt und außen dick mit Butter bestrichen. An den vier Seiten wurden nun die Model aufgedrückt. Dann wurden mit der gefüllten Butterspritze und einer großen Sterntülle an den Ecken vier Säulen angebracht, die während des Spritzens gedreht wurden. Unten herum kam als Abschluß ebenfalls so ein Kranz aus der Butterspritze. Oben wurde mit der Siebtülle eine Krause aufgespritzt, daß es aussah wie ein wirrer Wuschelkopf. Darauf wurde das Butterlämmchen gestellt, das ins abgewinkelte rechte Vorderbein ein Fähnchen gesteckt bekam. Meistens wurden in diesen Wuschelkopf kleine, aus färbigem Seidenpapier gebastelte Blümchen gesteckt und mit buntem Hagelzucker bestreut.

Dieses Kunstwerk war eigentlich mehr zum Bewundern als zum Essen gedacht. Wer hätte auch nach dem reich gedeckten Tisch zu Ostern noch Lust auf ein Butterbrot gehabt?

Bis zum Ende meiner Schulzeit, kann ich mich erinnern, wurde die Weihbutter bei uns noch gemacht. Zur Weihe in der Kirche wurde sie allerdings nie gebracht, das wäre wohl zu weit und zu umständlich gewesen. Auch die anderen Bauern haben sie nicht in die Kirche getragen. Mutter hat erzählt, daß in ihrer Jugend ein Gastwirt mit Landwirtschaft im Ort die Weihbutter in der Kirche zur allgemeinen Besichtigung ausgestellt hatte.

Mutter hatte am Karsamstag außerdem noch eine Unmenge Krapfen zu backen, und ein paar Kuchen durften auch nicht fehlen. Für den Krapfenteig hatten wir eine eigene „Teigmuatan" mit dem dazugehörigen Teigschläger. Es gehörte zu den Pflichten der Moardirn, den Krapfenteig abzuschlagen. Einen Teig mit mindestens vier Kilogramm Mehl zu schlagen bringt auch die kräftigste Magd ins Schwitzen. Die Krapfen wurden in einer großen Eisenpfanne in Butterschmalz auf dem offenen Herdfeuer gebacken. Das war gar nicht so ungefährlich. Ich kann mich erinnern, daß manchmal das ganze Fett in der Pfanne in Flammen stand. Aber Mutter wußte sich zu helfen. Sie hob die Pfanne vom Feuer, gab einen Deckel drauf, und das Malheur war behoben.

War sie mit den Krapfen fertig, wurde der Kessel mit dem Weihfleisch über das Feuer geschoben; das mußte fast zwei Stunden gekocht werden. Jeder, der zu Ostern eingeladen war – das waren vor allem die Patenkinder und Verwandte –, bekam von diesem Weihfleisch vorgesetzt.

„Am Ostersonntag krachten schon um vier Uhr früh die ersten Böller"

Die Knechte hatten ja am Karsamstagnachmittag schon frei. Nun wurden von den jungen Burschen die Böller hervorgeholt und mit Schwarzpulver gefüllt. Dazu mußten passende Stöpsel aus Holz angefertigt werden, damit wurden die Böller verschlossen und abseits des Hauses in die Erde eingegraben, so daß nur noch das Spundloch zu sehen war.

Dann mußten sie bis zur Auferstehung warten. Weil aber von unserem Haus aus die Kirche nicht einzusehen war und auch kein Glockenton bis zu uns drang, mußte einer fast bis zum Nachbarn hinüber, um aus dem Dorf die wiedergekehrten Glocken und die Böllerschüsse zu hören, die dieses große Ereignis begleiteten. Erst dann konnten sie die Böller abschießen.

Das nannte man „Tagrebell", und die Burschen der verschiedenen Höfe wollten einander darin übertreffen, wer wohl als erster aus dem Bett kroch. Sofern die Mägde nicht schon auf waren, mußte erst Feuer gemacht werden, um die Lunte erhitzen zu können.

Nun wurde überall Ostern gefeiert, überall krachten die Böller. Manchmal wurden gleichzeitig drei oder auch mehr abgefeuert, und jeder hatte seine Freude daran. Nein, nicht jeder, denn für Roland, unseren treuen Hund, waren es bittere Zeiten. Er verkroch sich im dunkelsten Winkel im Keller und wagte sich kaum hervor.

Schließlich durften die Osterfeuer nicht fehlen. Dafür wurde auch bei uns fast immer ein Holzstoß auf dem Feld ober dem Haus aufgerichtet – das machten die Knechte in der Karwoche nach Feierabend –, doch meistens war es zu windig, um ihn abbrennen zu können. Aber auf der Sonnseite, die Bundesstraße entlang, wurden jedes Jahr Osterfeuer abgebrannt. Noch dazu waren dort auch immer einige Kreuze aufgestellt und mit bunten Lampions geschmückt, die wunderbar in die Nacht hinausleuchteten.

Von alters her gab es den Brauch, daß man in der Osternacht nach Maria Hollenstein pilgerte, wenn man ein besonderes Opfer zum Abschluß der Kartage bringen wollte. Wenn wir diese Wallfahrt – natürlich zu Fuß – unternahmen, waren wir vier bis fünf Stunden unterwegs. Auf den sonnseitigen, windgeschützten Berghängen entlang der Landstraße von Ramingstein nach Kendlbruck, auf der die Pilger wanderten, konnte man immer Osterfeuer bewundern, und die beleuchteten Holzkreuze waren in der Dunkelheit ein grandioses Schauspiel. Trotzdem nahm man diese Strapazen nicht jedes Jahr auf sich. Ob Bauer, Häusler oder andere Familien – fast jeder brachte am Ostersonntag seine Speisen zur Weihe. Es hieß doch immer: Zu Ostern bekommen die Leut', zu Weihnachten das Vieh Geweihtes zu essen. Wieviel eingepackt wurde, hing natürlich von der Anzahl der Personen im Haushalt ab. Ins Packel gehörten geselchtes und gekochtes Schweinefleisch – Osterschinken, wenn man so sagen will –, weiters Eier, Schwarzbrot, Osterstriezel, Butter, Salz und Kren. Gekocht wurde das Fleisch mehrere Stunden lang in einem mittelgroßen Kupferkessel, den Mutter bis oben mit geselchtem Schweinefleisch füllte. Dieses Selchfleisch wurde allgemein Weihfleisch genannt; ins Weihpackel kam aber nur ein Stück davon.

Aufgabe der Moardirn war es, das Weihpackel zur Weihe in die Kirche zu tragen. Zur damaligen Zeit begann der Hauptgottesdienst an Sonn- und Feiertagen ausnahmslos um acht Uhr. Am Ostersonntag aber fand schon eine Viertelstunde vor dem Hochamt die Speisenweihe statt, und wer zu spät kam, mußte den Pfarrer nach dem Gottesdienst um eine Sonderweihe bitten. Zuspätkommen war zwar eine Schande, aber wenn man bedenkt, wie weite Strecken die meisten Mägde zurückzulegen hatten, die viele Arbeit vorher, und auch das Anlegen der Festgewandes erforderte etwas mehr Aufwand als sonst – da wird wohl jeder verstehen, daß man nicht immer ganz pünktlich sein konnte.

Das Hochamt war am Ostersonntag besonders feierlich. Wenn die Glocken zur Wandlung läuteten, wurde dies noch mit einigen Böllerschüssen unterstrichen.

Nach dem Gottesdienst mußten die Mägde mit den Weihpackeln schleunigst nach Hause. Die Waldbauernmägde taten sich meist zusammen, da sie durch den Graben den gleichen Weg hatten, bis jede zu ihrem Hof abzweigen mußte. Einer der Knechte aber mußte schneller sein als die Moardirn, denn das Weihpackel mußte mit ein paar Böllerschüssen empfangen werden. Gelang dem betreffenden Knecht das nicht und das Weihpackel „schlüpfte" vor dem Schuß ins Haus, wurde er herzlich ausgelacht. Das waren halt so kleine Neckereien – jung, wie wir damals waren, konnten wir über alles lachen.

Am Ostersonntag wurde, wie auch an anderen hohen Festtagen, groß aufgekocht, und dabei mußten alle weiblichen Dienstboten, wenn sie von der Kirche zurück waren, fleißig mithelfen. Zu Ostern wurde immer ein Schwein geschlachtet, so kam als Vorspeise ein Beuschel und als Hauptgang ein Braten auf den Tisch. Vorher aber wurde noch das „Geweihte" auf einem gro-

ßen Holzbrett, mundgerecht aufgeschnitten, auf den Tisch gestellt. Weihfleisch, Brot, Osterstriezel, Butter, Eier, geriebener Kren und Salz – alles lag
da durcheinander, und jeder holte sich mit dem Löffel, was er wollte. Noch
etwas gab es zu Ostern, das es das ganze Jahr nicht gab: Ein Fünfundzwanzig-
liter-Bierfaß wurde mit dem Ochsengespann von unserem Wirt geholt, und
zum Braten machte ein Bierkrug am Eßtisch die Runde.

Bevor der Braten aufgetragen wurde, verschwand ein Knecht vom Eßtisch,
und bald darauf krachten draußen ein paar Böller. Kurze Zeit vor- oder nachher hörte man von allen umliegenden Bauern diesen sogenannten „Bratl-
schuß". Nun wußte man: Der Höhepunkt des österlichen Festessens war
erreicht. Als Beilage zum Braten gab es selten etwas anderes als Kartoffeln,
die mit dem Fleisch mitgebraten wurden. Zu Zeiten, wo es im Garten keinen
Salat gab, wurde gewöhnlich ein Gericht aus Kren – Apfelkren, Semmelkren
oder Krenkoch – zum Braten gereicht. Danach gab es noch Krapfen und
Kuchen mit Kaffee oder „Zwetschkenbrühe", das waren Dörrzwetschken,
die mit Zimtrinde, Gewürznelken und etwas Zucker in Wasser aufgekocht
wurden.

Nach dem Festessen erfolgte das übliche Vergeltsgottsagen bei den Bauersleuten; da kamen auch alle Knechte in die Küche und küßten den Bauersleuten die Hand. Die Mägde hatten dann noch die übliche Arbeit in Haus und
Stall zu erledigen. In der Küche mußte alles weggeräumt und abgewaschen
werden; viel mehr als zwei Stunden Freizeit blieben uns nicht am Nachmittag.

Die jungen Burschen vergnügten sich am Nachmittag ausgiebig mit Böl-
lerschießen. Meist kamen auch einige Nachbarsburschen auf Besuch, dann
war es zum „Eiertutschen", das heißt, zwei Ostereier wurden mit den Spitzen
gegeneinandergeschlagen, bis eines davon zerbrach. Wer dem anderen ein Ei
„zertutschte", durfte dieses einstecken. Ich war immer froh, wenn meine Eier
kaputtgingen, weil ich selbst kein Ei hinunterbrachte.

Ein lustiges Gesellschaftsspiel gab es am Ostersonntag im Lungau, das bei
uns aber ganz selten gespielt wurde, wohl, weil bei uns nicht genug junge
Leute zusammenkamen. Das war das „Goneßrennen". Goneß nennt man bei
uns einen Gänserich. Junge Burschen und Mädchen stellten sich in Paaren
hintereinander auf, ein Bursch, der kein Mädel hatte, war der „Goneß". Er
mußte sich vor die Reihe stellen und rufen: „Goneß, Goneß, kikeriki, das
letzte Paar muaß her fia mi!" Das letzte Paar mußte dann nach vorne laufen

und versuchen, sich dort wieder anzustellen. Das war aber nicht so einfach, weil der Goneß das Mädchen einzufangen versuchte. Gelang ihm dies, durfte er sich mit dem Mädchen vorne anstellen, und der andere war der Goneß. So konnte dieses Spiel beliebig lange fortgesetzt werden.

Almarbeit

Damals gab es auf keiner Alm elektrischen Strom und auch kaum sonstige Hilfsmittel. Das Wasser mußte vom Graben geholt werden. Die Kühe wurden händisch gemolken. Rührkübel und Zentrifuge ebenfalls mit der Hand betrieben. Das ganze Milchgeschirr war aus Holz und mußte zweimal täglich fein säuberlich gereinigt werden.

Eine Sennerin stand meistens um vier Uhr früh auf. Manchmal, im Hochsommer, wenn der Abend für den nächsten Tag schönes Wetter versprach, schlüpfte man auch schon um drei Uhr aus dem Bett, um die Kühe früher auf die Weide zu bringen. An besonders heißen Tagen stürmten die Tiere nämlich schon am halben Vormittag wieder mit hoch erhobenem Schwanz heim zum schützenden Stall, um der Fliegenplage zu entrinnen. Es gab ja weder Zaun noch Hirten, die sie zurückgehalten hätten.

Auf der Mißlitzalm befanden sich die Hütten von vier Bauern mit den dazugehörigen Ställen; eine fünfte stand etwas weiter hinten im Talkessel. Vom Almauftrieb bis Peter und Paul (29. Juni) wurden die Kühe immer vom Hüttendorf abwärts getrieben, weil dort, wo der Baumbestand noch dichter war, auch die Vegetation viel üppiger war als der Höhe zu.

Anfangs wurde abends auch früher gemolken und die Kühe danach noch einmal auf die Weide getrieben. Bei trübem oder schlechtem Wetter holte man sie noch bei Tageslicht herein in den Stall; bei schönem Wetter ließ man sie bis in die Dunkelheit grasen. Manchmal kamen sie von selbst heim, oft mußte man sie auch suchen. Das war in der Dunkelheit nicht einfach. Man konnte nur der Glocke folgen; wenn die Glockenkuh aber irgendwo still stand, hörte man diese nicht. Dann traf man höchstens auf ein paar glühende Augen, die einen erschreckten.

Nach Mariä Himmelfahrt (15. August) wurden die Tiere abends nach dem Melken nicht mehr auf die Weide getrieben. Um diese Zeit wurden die Tage rasch kürzer, und da es auch nicht mehr so heiß war, konnten sie sich tagsüber sattfressen. Mit 18 Jahren ging ich zum ersten Mal mit meinen Kühen auf die Alm. Es hat sich so ergeben, daß auch fast alle meine Kühe jung waren. Das hatte den Vorteil, daß sie die Höhen, bis hinauf unter den Grat, viel leichter bezwingen konnten als ältere Tiere. Da sie dort oben die besten und nahrhaftesten Weiden fanden, suchten sie, einmal entdeckt, diese Plätze immer wieder auf.

Meine beste Milchkuh, sie gab 20 Liter am Tag – das war schon eine beachtliche Leistung, die durchschnittliche Leistung lag damals zwischen 14 und 18 Litern –, strebte zur Melkzeit immer heim zum Stall, um die Milch loszuwerden. Diese meine „Falch" – so hieß sie ihrer hellen Farbe wegen – bekam deshalb die Glocke als Leitkuh. Aber ich hatte nicht damit gerechnet, daß Tiere ihre eigenen Gesetze haben: Sie wurde von den anderen nicht als Leitkuh akzeptiert. Diese ließen die Glocke ziehen und blieben dort, wo es ihnen gerade am besten gefiel.

Die Kühe der anderen Sennerinnen auf der Mißlitzalm kamen zur Melkzeit gewöhnlich von selber heim. Ich mußte die meinen meistens von ganz oben holen – das bedeutete einen Marsch von etwa einer Stunde. Auf halbem Weg kam mir schon immer die Falch entgegen. Wenn sie mich sah, begrüßte sie mich mit einem lauten Brüller, ich sie mit Streicheln. Die Milch spritzte oft schon aus ihren Zitzen, so trottete sie einsam dem Stall zu.

Es gab da oben viele Senken, die man nicht einsehen konnte, und es war daher nicht leicht, die anderen Tiere ohne Glockenkuh zu finden. Ich mußte hin und her und immer höher hinauf, bis ich endlich auf sie stieß. Die meisten lagen dann schon satt und zufrieden wiederkäuend auf dem Boden, manche holten sich noch die letzten Bissen saftiges Gras. Meine Kolleginnen beneideten mich immer um meine unternehmungslustigen Kühe, die sich da oben das beste Futter holten, was sich natürlich in der Milchleistung niederschlug.

Gemolken wurden die Kühe morgens und abends, möglichst immer zur selben Zeit. Die Milch wurde geseiht und kam dann in die Zentrifuge, die, je nach Milchmenge, ungefähr eine Viertelstunde gekurbelt werden mußte, bis Rahm und Magermilch getrennt waren.

Als es noch keine Zentrifuge gab – meine Mutter hat dies noch von ihrer Zeit als Sennerin erzählt –, mußte die ganze Milch in Milchstötze gefüllt werden. Diese wurden neben- und übereinander in der sogenannten „Milchkammer", die sich im kühlsten Winkel der Almhütte befand, aufgestellt. Je nach

Jahreszeit und Temperatur mußte die Milch zwei bis vier Tage stehen, bis sie „dick" war und der Rahm sich an der Oberfläche absetzte. Dann wurde der Rahm mit dem „Rahmzweck" von der Dickmilch und vom Rand des Gefäßes abgelöst und in den „Rahmstotz" befördert.

Etwa jeden zweiten Tag stand auch bei uns Butterrühren auf dem Programm; das nahm immer einen ganzen Vormittag in Anspruch. Der Rahmstotz wurde so auf den Rührkübel gestellt, daß die beiden Öffnungen genau übereinanderlagen, dann wurde am Rahmstotz der Verschluß geöffnet, und sein Inhalt konnte in das Butterfaß fließen. Anschließend wurde das Faß auf einen Schragen gehoben, und das Butterrühren konnte beginnen.

Wenn die Temperatur des Rahms und auch sonst alles stimmte, mußte der Rührkübel ungefähr eine Stunde lang gedreht werden, bis man die dottergelbe Butter aus dem Faß holen konnte. Dann mußte sie drei- bis viermal gewaschen, fest geknetet und ausgeklescht werden. Danach wurde sie fest ins „Butterfrentei" gedrückt, das war ein Holzgefäß, 70 bis 80 Zentimeter hoch, mit einem Durchmesser von ungefähr 35 Zentimetern. Obenauf gab man – sofern welche zur Hand waren – sauber gewaschene „Saublotschen", die die Butter frisch hielten. Sonst verwendete man ein Tuch, und darüber kam auf jeden Fall etwas kaltes Wasser.

In der heißesten Sommerzeit, den sogenannten „Hundstagen", war die Buttergewinnung aber ein echtes Problem. Einen Keller gab es nicht, um den Rahmstotz einigermaßen kühl zu lagern. So füllte ich den Rahm oft in einige größere Häfen – eine große Auswahl hatte man auf der Alm ja nicht – und stellte sie über Nacht in den Graben. Auch ohne Kühlung habe ich es einige Male probiert an heißen Tagen, aber was man dann aus dem Rührkübel holte, hatte mit Butter kaum eine Ähnlichkeit. Man brauchte den Butterkübel zwar nur halb so lang drehen, aber das Produkt war eine erbärmliche, schaumige Masse, die mehr Ähnlichkeit mit Schotten hatte als mit Butter. Man konnte sie zehnmal waschen, das änderte nichts daran.

Aus meiner Almsommerzeit ist mir in Erinnerung, daß ich jedesmal mindestens fünf Kilogramm Butter aus dem Rührkübel holte, und das dreimal in der Woche. Ende Juli nahm der Milchsegen auf der Alm rapide ab, einerseits, weil die Weide karger wurde, andererseits aber auch, weil die Herbstkühe – das sind die Kühe, die im Herbst Kälber warfen – nach und nach weniger Milch gaben. Eine Kuh sollte vor dem Kälbern zwei Monate lang trockenstehen – das war für die Gesundheit der Kuh und des Kalbes sehr wichtig.

Nach fünf bis sechs Wochen war das Butterfrentei voll und konnte heimgeführt werden. Daheim wurde die Butter dann in einem Kupferkessel „geläutert" und das Butterschmalz in einem eigenen Holzkübel mit Deckel im Keller aufbewahrt. Es war Brauch, daß Moar und Moardirn den Kessel mit dem Butterschmalz in den Keller trugen. Dabei durften sie vom warmen Butterschmalz trinken. Ob sie davon Gebrauch machten, weiß ich nicht, aber erzählt wurde oft davon.

Neben der Buttererzeugung mußte auch die übrige Milch verarbeitet werden. Aus der Buttermilch wurde Schotten erzeugt, die Molke wurde an die Schweine verfüttert, ebenso wie ein Teil der entrahmten Milch. Hauptsächlich wurde die Magermilch aber zu Topfen und Käse weiterverarbeitet.

Dazu wurde sie in die „Milchfrentn" geschüttet, die zirka 80 bis 90 Zentimeter hoch war und einen Durchmesser von einem halben Meter hatte. Wenn die Milch „dicksauer" geworden war, kam sie in den „Kaskessel", das war ein Kupferkessel, der in Größe und Volumen einer Milchfrentn angepasst war. Ich hab's zwar nie gemessen, aber 40 bis 50 Liter wird er schätzungsweise wohl gefaßt haben.

Darin wurde die Sauermilch über 30 Grad erwärmt. Nach etwa einer Stunde bildete sich dabei Topfen. Dieser wurde mit einem Sieb herausgefischt und in die „Schottzoan" gegeben, die mit einem rupfenen Tuch, dem „Kastuch", ausgeschlagen war und wiederum auf einer Frentn stand. Die Schottzoan war ein hölzernes Gefäß aus zwei festen, halbkreisförmigen Seitenflächen und zahlreichen daumendicken Sprossen entlang der gerundeten Unterseite, durch die das übrige Kaswasser abtropfen konnte.

Wenn der Topfen nicht auf dem Hof gebraucht wurde, wurde er noch im Kastuch mit den Händen fein zerrieben, mit Salz, Pfeffer und Paprika gewürzt und fest in den „Kaskatschkar" gepreßt. Nach ein paar Tagen wurde er auf ein Brett gestürzt und im Rauch geselcht.

Da in meiner Hütte keine offene Feuerstelle war, trug ich meinen Käse zu einer Freundin in eine der Nachbarhütten. In der heißen Jahreszeit mußte man die Käse aber täglich kontrollieren, damit sie nicht plötzlich voller Würmer waren. Man kratzte die von Maden befallenen Stellen heraus – daran hatten die Schweine ihre Freude – und bestreute den Käse mit Pfeffer, das hat meistens geholfen.

Man unterschied zwei Sorten: Hart- und Weichkäse. Der Topfen mußte dafür jeweils die richtige Konsistenz haben. Der Weichkäse war zum schnellen Verzehr bestimmt, während der Hartkäse für den Winter gelagert werden konnte. Manche Bäuerin vergrub den Hartkäse vor Gebrauch einige Wochen im „Groamat", davon wurde er saftiger und bekam einen guten Geschmack.

Oft wird Topfen und Schotten für ein und dasselbe gehalten, aber wer das glaubt, unterliegt einem Irrtum: Topfen wird aus Sauermilch und Schotten aus Buttermilch gewonnen.

Auch die Buttermilch wurde im Kaskessel erwärmt, durfte aber ja nicht zu heiß werden, sonst bekam das Produkt tatsächlich Ähnlichkeit mit dem Topfen – der Schotten wurde „grießig", wie man sagte. Schotten aber mußte streichfähig sein.

Hatte die Buttermilch im Kessel die entsprechende Wärme erreicht, wurde sie fest gesprudelt und schließlich in das Kastuch in der Schottzoan geschüttet und zugedeckt stehengelassen. Von Zeit zu Zeit schabte man mit einem „Muasa" den Schotten, der sich am Tuch angelegt hatte, zusammen und deckte das Ganze wieder zu. Wenn die Flüssigkeit abgesickert war, wurden die beiden Enden des Kastuchs zusammengeschlungen, der Inhalt ausgepreßt und das Paket schließlich mit einem Stein beschwert. Wenn die ganze Flüssigkeit herausgepreßt war, wurde der Schotten geknetet. Was für den Verzehr daheim bestimmt war, wurde zu Kugeln geformt und in ein feuchtes Tuch eingeschlagen, der übrige Schotten kam ins Frentei. Nach Hause geholt wurde von den Almprodukten nur soviel, wie gebraucht wurde, alles übrige mußte die Sennerin auf der Alm haltbar machen.

Andererseits brauchte auch die Sennerin von Zeit zu Zeit etwas von daheim: Brot, Mehl, Zucker usw. Kam längere Zeit niemand vom Hof auf die Alm, mußte sie selber hinunter, um alles Notwendige zu holen.

Alles, was auf dem Hof erzeugt wurde, war nur für den eigenen Verbrauch bestimmt; es gab auch keine Möglichkeit, etwas zu verkaufen. Arbeiter, die selbst keine Landwirtschaft hatten, konnten sich Butter nicht leisten, die schmierten sich das billigere Schweinefett aufs Brot. Einmal schickte mich Mutter mit Butter ins Geschäft, aber es war kein Bedarf vorhanden, und ich mußte sie wieder mit nach Hause nehmen. Ein paar Frauen belieferte Mutter gelegentlich mit Butter und Eiern – das war aber auch das ganze Körberlgeld, das sie sich verdiente, neben dem „Vergelt's Gott!" für das, was sie an arme Leute verschenkte.

Ich, das einzige Kind meiner Mutter?

Das klingt etwas kurios, wenn man weiß, daß meine Mutter 14 Kinder geboren hat. Und doch stimmt es, daß ich als einziges Kind verblieben war, über das nur sie allein das Verfügungsrecht hatte. Meine Schwester hatte sie weggegeben, aus einer zwingenden Not, nicht aus Laune oder Gefühllosigkeit. Auf meinen Bruder wurde ihr das Recht von Vater und seinen ältesten Söhnen buchstäblich entrissen. Meine besondere Stellung war aber nicht immer ein Vorteil für mich. Ich spürte zwar die wärmere Mutterliebe, aber wenn es zum Beispiel um die Bekleidung ging, war ich gegenüber den Ziehschwestern oft benachteiligt.

Bei der großen Kinderschar und Vaters Knausrigkeit reichte es eben nie für alle. Wenn die Schwestern neue Kleider bekamen, die sie sich ja auch verdient hatten – sie mußten schon viel arbeiten –, mußte ich in geschenkten Sachen herumlaufen, wodurch ich manchmal sogar zum Gespött junger Bauernmädchen wurde. Ich hätte auch gerne schöne Kleider getragen, aber woher nehmen und nicht stehlen? Einmal borgte ich mir von Tante Kathi die Sonntagsschuhe aus. Ihre Füße waren aber leider kleiner als die meinen, und doch zwängte ich meine Füße da hinein. Erst spürte ich es nicht so, aber der weite Weg zur Kirche und wieder heim wurde zu einer Tortur, bei der ich sämtliche Sünden abgebüßt habe. Das war schlimmer als die sprichwörtlichen Erbsen, die man sich bei Wallfahrten angeblich in die Schuhe stecken sollte. Das nächste Mal zog ich wieder lieber meine Werktagslatschen zum Kirchgang an.

Zeit meiner Kindheit und in der frühesten Jugend fühlte ich mich immer als Aschenputtel, und Mutter tat ihr möglichstes dazu, um – um Gottes willen! – keine Eitelkeit in mir aufkommen zu lassen. Mehr als mein leibliches Wohl – und nicht nur meines, sondern das aller ihrer Kinder – lag ihr am Herzen, daß alle arbeitsame, gewissenhafte, ehrliche und anständige Menschen wurden. Sie hätte es sicher nie verkraftet, wäre eines ihrer Kinder auf die schiefe Bahn geraten oder, wie man so schön sagt, aus der Reihe getanzt.

Wenn sie nur eines von uns bei der geringsten Unehrlichkeit ertappte – war es eine Lüge oder daß man ohne zu fragen etwas genommen hatte –, konnte sie fuchsteufelswild werden, und dasjenige mußte ein Donnerwetter über sich ergehen lassen, das sich gewaschen hatte. Trotz ihrer schweren Last, die sie zeitlebens zu tragen hatte, hab ich sie kaum einmal grantig oder böse erlebt.

Einmal schickte sie mich ins Dorf, es muß in den Ferien gewesen sein. Was ich kaufen mußte, weiß ich nicht mehr, jedenfalls brauchte sie etwas ganz dringend. Bestimmt zehnmal hatte sie mir aufgetragen, mich unbedingt zu beeilen und so schnell wie möglich heimzukommen, was ich natürlich hoch und heilig versprach. Aber der Teufel lauerte in Gestalt einer Mitschülerin, die ein Stück oberhalb meines Heimwegs ihre Kühe hütete. Sie rief zu mir herunter und lockte und lockte, weil sie mir sooo was Wichtiges zu sagen hätte. Schließlich ließ ich mich erweichen und stieg zu ihr hinauf, und weil ihr so fad war, ließ sie mich so schnell nicht wieder los. Als ich endlich an meinen Auftrag dachte, konnte ich die Zeit nicht mehr aufholen, die ich leichtsinnig vergeudet hatte. Mutter konnte sich ja ausrechnen, wann ich wieder daheim sein sollte. Mit meinen flinken Füßen durfte ich höchstens eineinhalb Stunden brauchen, da ich talauswärts, wo der Weg abwärts führte, ja laufen konnte. Ich muß wohl jedes Zeitgefühl verloren haben. Als ich heimkam, langte Mutter in der Küche nach einem Holzknüttel und versohlte mir damit tüchtig den Hintern. Ich hatte es ja verdient, warum ließ ich mich verführen?

Um noch einmal auf das leidige Geld zurückzukommen: Jedes von uns Kindern war im Besitz einer Sparbüchse. Wie meine ausgesehen hat, weiß ich noch genau und würde sie jederzeit wiedererkennen. Sie war aus Holz, rot und mit einem Rosenmuster versehen, mit einem Schraubdeckel, aber ohne Schlitz zum Geldeinwerfen. Ob sie ein Geschenk von meinem Vater war, weiß ich nicht, aber ich hielt sie dafür. Deshalb liebte ich sie über alles. Sie war ja auch der einzige Schatz, den ich besaß. Aber was ich auch in die Sparbüchse hineingab, ihren Zweck als solche erfüllte sie nie.

Wenn zu Lichtmeß die Dienstboten ihren Lohn bekamen, gab Vater auch uns Kindern immer ein paar Schilling. Ich war bald zwölf, als mir Vater zu Lichtmeß 1927 fünf Schilling als Lohn gab. Ich war über seine Großzügigkeit hoch erfreut, aber ich durfte mir nur einen Schilling zum Verbrauch behalten, vier mußten in die Sparbüchse wandern. Ihr sonstiger Inhalt waren mein Tauftaler, einige wertlose Heller und ein Zettel, auf den ich immer brav notieren mußte, wieviel Schilling ich von Vater als Lohn bekommen und der Sparkasse einverleibt hatte. Nun hatte ich vier Schilling einzutragen und dachte, weiß Gott, wie reich ich war. Einige Wochen später verspürte ich Lust, mich wieder an meinem Schatz zu erfreuen. Als ich jedoch die Büchse öffnete, war kein Schilling mehr zu finden. Zwar stand der Betrag auf dem Zettel, doch in der Büchse befand sich kein einziger Schilling. Meine Enttäuschung war so grenzenlos, daß ich mir gewünscht hätte, niemals geboren worden zu sein. Warum war ich nur so naiv zu glauben, daß mir etwas, an dem ich Freude hatte, bleiben würde? Wäre der Tauftaler, der noch von der alten Währung stammte – er muß aus Silber gewesen sein, weil es so hell klang, wenn ich ihn auf dem Tisch tanzen ließ –, noch als Zahlungsmittel zugelassen gewesen, wäre ich ja auch den längst los gewesen.

Als ich mich bei Mutter über diesen Verlust beklagte, gestand sie: „Jo, i ho's gnomma, wei i's braucht ho." Mutter konnte ich nicht böse sein, wo ich doch um die Schwierigkeit wußte, von Vater Geld herauszupressen. Aber ich war kein kleines Kind mehr. Mutter hätte doch mit mir reden können. Daran hat sie aber nie gedacht und wohl auch nicht begriffen, wie sehr sie meine Gefühle verletzte, indem sie einfach über meinen Kopf hinweg bestimmte. Nun, denke ich, wird man besser verstehen, daß es für mich nicht immer von Vorteil war, Mutters einziges Kind zu sein.

Dieser mir unvergeßliche Lichtmeßtag war übrigens der letzte, an dem Vater seinen Dienstboten den wohlverdienten Lohn auszahlte. Ein Jahr später war er von seiner Krankheit schon so schwer gezeichnet, daß er kaum noch etwas wahrnahm. Darüber werde ich noch ausführlich berichten.

In meine Sparbüchse ist danach nichts mehr hineingekommen. Da Mutter dann selbst die Finanzen verwaltete, hatte sie es nicht mehr nötig, mir den Lohn zu klauen. Die paar Schilling, die ich von Mutter als Lohn bekam, durfte ich auch verbrauchen. Viele Jahre später – aber das hat mit dem „Hatz" nichts mehr zu tun – ist mir die geliebte Sparbüchse, die ich als Andenken an meine Kindheit aufbewahrt hatte, unwiederbringlich abhandengekommen. Vielleicht hätte der Taler heute Seltenheitswert? Wie ich mich mit vielem im Leben abgefunden habe – oft wäre es wohl besser gewesen, ich hätte mich mehr gewehrt –, so habe ich auch diese Angelegenheit auf sich beruhen lassen. Soll jemand anderer damit glücklich werden!

Wie sehr wir von Vater hintergangen und ausgenutzt worden waren, wurde mir erst letzte Weihnacht vor seinem Tod – er starb im Juli 1929 – ganz klar, als mir Mutter vor Weihnachten ganz unerwartet zehn Schilling zusteckte. Auf meinen ungläubigen Blick hin erklärte sie mir, das wäre ein Weihnachtsgeschenk, das wir jedes Jahr zusätzlich zum Waisengeld bekommen hätten und das nur uns zugestanden wäre. „Da Vota hot's enk nia gebm, oba i gib's enk." Das sagt wohl genug. Ich mußte um ein paar Groschen für die Schule betteln und habe sie trotzdem oft nicht bekommen.

Es wird vielen nicht gefallen, was ich hier niederschreibe, aber es ist die Wahrheit, und mein Bruder kann es jederzeit bestätigen. Niemand wäre glücklicher als ich, könnte ich ein schöneres Bild von meiner Kindheit zeichnen. O ja, Vater hatte auch seine guten Seiten. Es gab auch kleine Geschenke wie Süßigkeiten, die er, zwar nicht oft, aber hin und wieder, vom Wochenmarkt heimbrachte, der jeden Montag in Tamsweg abgehalten wurde. Ob das ein richtiger Markt oder mehr eine Zusammenkunft von Bauern war, weiß ich nicht; jedenfalls fuhr Vater oft zu diesem Wochenmarkt nach Tamsweg. Zu Hause reihte er dann das Mitgebrachte auf der Fensterbank im Elternschlafzimmer für alle sein Sprößlinge, da waren auch wir nicht ausgeschlossen, in Portionen auf. Soweit ich mich erinnern kann, nie mehr als zwei, höchstens drei Zuckerln für jeden. Gab es mal eine Orange, so reichte diese auch nur für ein oder zwei Spalten pro Kind. Wir waren aber überglücklich, auch über das kleinste Geschenk.

Zu Weihnachten gab es keine Geschenke, dafür war Sankt Nikolaus umso spendabler. Am Abend des 5. Dezember mußten wir unsere Schuhe putzen und in der Elternschlafstube auf den Tisch stellen. In dieser Nacht konnten wir vor Aufregung kaum schlafen, und am nächsten Morgen mußte uns niemand wecken. So schnell waren wir selten aus den Betten, oft schon um fünf Uhr. Dann stürmten wir die Schlafstube. Außer Äpfeln und Walnüssen steckten auch noch allerhand Süßigkeiten in den Schuhen. Einmal, daran kann ich mich gut erinnern, lag bei jedem Schuhpaar auch noch ein Spiel. Das meine war ein „Hühnerhof". Was dabei auch nie fehlen durfte, war die Birkenrute, ein paar Zweige auf jedem Schuh. Sie wurde von uns gleich stillschweigend zur Seite geschoben. Mutter band dann die einzelnen Zweige zu einer Rute zusammen. Diese wurde anstelle der alten, die verbrannt wurde, hinterm Hirschgeweih in der Wohnstube deponiert, wo sie keineswegs ein einsames, ruhiges Dasein führte, denn sie wurde fleißig benutzt.

Wie der Nikolaus mit all seinen Geschenken durchs Schlüsselloch kam, hat mich lange Zeit beschäftigt. Daß er selber durchs Schlüsselloch kam, leuchtete mir noch ein, da er ja unsichtbar war, aber die Geschenke, die man doch sehen konnte?

An ein richtiges Krampus- und Nikolauslaufen kann ich mich als Kind nicht erinnern. Erst später wurde dieser Brauch auch im Gebirge von jungen Burschen eingeführt. Manchmal verkleidete sich ein Knecht ganz primitiv als Krampus. Obwohl es für die Erwachsenen, besonders für die Mägde, nur eine „Hetz" war, hatte ich eine panische Angst. Ich war ein fürchterlicher Angsthase.

Einmal – ich weiß nicht, ob ich schon zur Schule ging –, es war im Winter und ein Sonntag: Als ich am Morgen die Stube betreten wollte, saß auf der Ofenbank ein zerlumpter Mann. Keine zehn Pferde hätten mich mehr in die Stube gebracht. Obwohl ich hätte merken müssen, daß daran etwas nicht stimmte, denn der Mann rührte sich den ganzen Vormittag nicht – man konnte nämlich durch ein Loch in der Küchentür die Stube beobachten –, konnte mir niemand die Angst ausreden. Als dann die Knechte vom Kirchgang heimkamen, gab einer dem ausgestopften Lumpenmandl einen Stoß, so daß dieses von der Bank kollerte. Ich konnte ihn ob seines Mutes nicht genug bewundern. Genauso viel Angst hatte ich auch vor dem Rauchfangkehrer.

Das Geheimnis meines Lebens

Über mein Leben nach meiner Kindheit wollte ich eigentlich nie schreiben, und das hatte seinen besonderen Grund. Seit meiner frühesten Jugend trag' ich ein Geheimnis tief in mir verschlossen. Da es damals nicht entdeckt wurde, sollte es auch später nie mehr ein Mensch erfahren; ich wollte es mit mir ins Grab nehmen.

Nur das Leben meiner Mutter wollte ich erzählen, um es der Nachwelt und vor allem ihren vielen Nachkommen zu erhalten, und meine eigenen Erlebnisse nur so am Rande erwähnen. Als ich eine erste Fassung meiner Arbeit an die „Dokumentation lebensgeschichtlicher Aufzeichnungen" einsandte, wurde mir geraten, doch auch *mein* Leben mehr in den Vordergrund zu bringen. Daraufhin hab ich lange überlegt, ob ich mich entschließen sollte, den Rat anzunehmen, denn das hieße: mein Geheimnis preiszugeben, das mein Leben geprägt, das mich damals fast aus der Bahn geworfen hat und zur Einzelgängerin werden ließ. Zugleich aber ein Geheimnis, das so unbeschreiblich schön war, dem ich, abgesehen von der Geburt meiner beiden Töchter, nichts Ähnliches in meinem Leben gegenüberstellen könnte. Die zwei Menschen, die mit dieser Geschichte unmittelbar verbunden waren, deckt schon längst der kühle Rasen. Ihretwegen mußte ich immer schweigen, aber jetzt kann ich ihnen mit meinem Geständnis nicht mehr schaden. Ich schade höchstens mir selbst, weil ich nicht weiß, wie meine Geschwister mich danach beurteilen werden. Ich habe nichts Unehrenhaftes getan, aber weiß man, wie es nach so langer Zeit aufgefaßt wird? Mir blieb von allem nur die Erinnerung. Sollten meine älteren Geschwister diese Zeilen einmal lesen, werden sie manches begreifen, was ihnen damals ein Rätsel war. Nun will ich aber erzählen, was sich damals abgespielt und wie sich alles zugetragen hat.

Als der Ruppen-Hans bei uns einstand, waren, glaube ich, alle froh, einen so tüchtigen, umsichtigen und noch dazu leutseligen Knecht bekommen zu haben. Was das für mich persönlich bedeuten würde, davon hatte ich am Anfang noch keine Ahnung. Daß ich mich zu unserem neuen Familienmitglied gleich sehr hingezogen fühlte, hab' ich ja schon erwähnt. Es war eine ganz neue, ungewohnte Atmosphäre auf dem Hof, so gelöst und unkompliziert.

Bald entdeckte ich auch, daß wir ein gemeinsames Hobby hatten: Er las ebenso gern wie ich. Bücher gab **es** ja keine, außer in der Pfarrbücherei. Aber wir hatten Zeitungen, und ich war gierig nach Romanen. Die Zeit zum Lesen war für mich immer zu knapp. Es blieb nur der Sonntagnachmittag. Abends durfte im Sommer kein Licht gebrannt werden. Für die Knechte blieb viel mehr Zeit. Sie hatten samstags um sechzehn Uhr Feierabend, und der Sonntag gehörte ganz ihnen; da konnte jeder tun und lassen, was er wollte. Mein Bruder Peter hat auch immer gern gelesen. Nur als er dann bei der Musikkapelle war, blieb ihm auch nicht mehr soviel Zeit dafür.

Kurz und gut: Ich fand bald heraus, daß ich mit dem neuen Knecht einiges gemeinsam hatte. Er liebte die Natur und die Tiere wie ich, aber es war nicht leicht, über all das mit ihm zu sprechen.

Ich war immer ein sehr schüchternes Kind, und diese Scheu konnte ich nie ganz ablegen, bis heute nicht. Ich hatte immer Hemmungen; aus Angst, ich könnte etwas Dummes sagen, schwieg ich lieber. Daran waren sicher die Erziehung und auch die Abgelegenheit des Hofes schuld. Wir kamen ja kaum mit fremden Menschen in Berührung. Auch vor dem neuen Moar hatte ich großen Respekt, so sehr, daß ich dummes Dirndl mich fast nicht getraute, ihn anzuschauen. Aber weder Arroganz noch Grobheit, wie ich sie von den großen Brüdern gewohnt war, war an ihm. Er behandelte auch mich unerfahrenes Ding wie einen erwachsenen Menschen, und das tat mir so wohl. Bald verlor ich meine Scheu vor ihm und war glücklich, wenn ich in seiner Nähe sein durfte. Die Arbeit wurde fast zum Vergnügen, und wenn er nicht dabei war, weil die Knechte oft eine andere Arbeit zu erledigen hatten, ging mir etwas ab. Auch merkte ich, daß ich ihm nicht in die Augen sehen konnte, ohne rot zu werden. Ich wehrte mich zwar dagegen, es nützte aber nichts. Im Gegenteil, dieses Gefühl wurde immer stärker – ich war bis über beide Ohren und unsterblich in unseren Moar verliebt.

Ich bemühte mich ja, meine Gefühle vor ihm zu verbergen, aber **es** gelang mir nur schlecht. Warum war er auch immer so lieb und freundlich zu mir? Das verwirrte mich noch mehr. Zwei Seelen stritten sich in meiner Brust: Das Herz sagte ja, doch die Vernunft sagte nein. Dann schimpfte ich wieder mit mir selbst. Ich sagte mir: „Dea wächt grod auf di gwort hobm, bild da jo nix ei, dea siecht in dia s' Kind, und deswegn ist ea liab und freindlich, wei dos so sei Oart ist!" So und ähnlich redete ich mir zu und war dann wieder todunglücklich. Aber ich merkte doch, daß auch ich ihm nicht ganz gleichgültig war. Nur hatte er, wie sich bald herausstellte, andere Bedenken. Er begann mich unauffällig zu testen. Zum Beispiel zeigte er mir eine Annonce in der Zeitung, wo ein Mann in seinem Alter eine Heiratskandidatin suchte. Er sagte zu mir: „Do war oana fü di zon Heiratn." Ich sagte prompt: „Dea war ma vü z'oit!" Der Altersunterschied zwischen ihm und mir betrug 16 Jahre.

Dann gab ich es auf, mich gegen meine Gefühle zu wehren; ich ließ die Dinge einfach an mich herankommen. Wenn er wirklich Interesse an mir hatte, würde er schon einmal den Mund aufmachen.

Inzwischen war es Sommer geworden, und eines Tages, als wir uns allein trafen, sagte er, er müsse mich einmal was fragen oder mir was sagen. Ich spüre noch heute, wie mein Herz vor Freude klopfte, daß es fast die Brust sprengte. Ich konnte mir denken, was er mir zu sagen hatte. Voll Ungeduld sehnte ich den Augenblick herbei, der die Entscheidung bringen mußte. Lang hielt ich es nicht mehr aus, und ich wußte es so einzurichten, daß wir uns schon am nächsten Abend an einem lauschigen Plätzchen trafen. Ich glaub', es war ein Samstag, eine wunderschöne Mondnacht, für Liebespärchen wie geschaffen.

Er gestand mir zum erstenmal, daß er mich sehr, sehr lieb hatte und breitete auch gleich seine Bedenken vor mir aus, ob er mir nicht zu alt sei. Es war gar nicht so leicht, ihn davon zu überzeugen, daß ich nur ihn und nie einen anderen lieben würde. In dieser Nacht tauschten wir die ersten Zärtlichkeiten und Busserl aus. Gott, war ich glücklich! Ich schwebte im siebenten Himmel. Sogar die schwerste Arbeit wurde zum Vergnügen. Wenn wir uns allein trafen, tauschten wir schnell ein paar Zärtlichkeiten aus, in Gegenwart anderer ließen wir die Augen sprechen. Warf er mir einen zärtlichen Blick zu, malte ich mir in meiner Phantasie aus, mit welchen Worten er mir damit schmeicheln wollte. Ich wähnte mich manchmal im Paradies, uns zwei drinnen ganz allein. Nur an den bitteren Apfel, der nicht lange auf sich warten ließ, dachte ich vorerst nicht. Noch sah ich kein Hindernis für unsere Liebe und träumte meinen Traum weiter.

Obwohl wir täglich zusammen waren, hatten wir doch nicht viel voneinander, außer den wenigen Zärtlichkeiten, wenn die Luft gerade „rein" war. Wir wußten, daß wir vorsichtig sein mußten. Ein Liebespaar im Haus war immer ein Risiko – nicht auszudenken, wäre es ans Licht gekommen. Nur manchmal, Samstag- oder Sonntagabend, wenn ich mich heimlich fortschleichen konnte, gingen wir spazieren; das war das Schönste und einzige, was wir uns leisten konnten. An Arbeitstagen waren wir ohnehin zu müde, und außerdem kamen ja auch nur Mondnächte in Frage.

Aus Rücksicht auf meine Jugend und weil es ihm einfach seine Anständigkeit gebot, hat er mich nie zu etwas gedrängt, wessen ich mich heute schämen müßte. Er würde es sich nie verzeihen können, wenn er mich ins Unglück brächte, so erklärte er mir seine Zurückhaltung, und ich war ihm dankbar dafür und liebte ihn nur noch mehr. Es war auch mir klar, daß wir die Grenzen nicht überschreiten durften, aber, ehrlich gesagt, ich allein hätte die Kraft nicht aufgebracht, der Versuchung zu widerstehen.

Gerade weil unsere Liebe durch nichts belastet war, war sie so ungetrübt und schön wie ein wolkenloser Frühlingsmorgen, und die Heimlichkeit barg die ganze Süße in sich. Ein Sprichwort sagt ja: „Kein Feuer, keine Kohle kann brennen so heiß, wie die heimliche Liab, von der niemand was weiß."

Wie er mir einmal gestand, war auch Mutter nicht ganz unschuldig an dieser Entwicklung. Als sie ihn als Moar anwarb, hatte sie, wohl um ihm den Posten schmackhafter zu machen, gesagt, daß er ihr nicht zu alt für mich wäre und daß sie uns im Fall des Falles das Tylligut geben würde. Auf diese Aussicht hin hatte er, wie er offen zugab, mir von Anfang an mehr Aufmerksamkeit geschenkt und mir immer ein wenig „schön getan", wie er sich ausdrückte. So hatte ich mich also doch nicht getäuscht, daß er ein Auge auf mich geworfen hatte. Ob es unter anderen Voraussetzungen anders gekommen wäre ...? Wer kann das im nachhinein noch sagen?

Der erste Sommer war vergangen, Weihnachten stand vor der Tür. Am 24. Dezember hatte er Geburtstag. Da bei uns damals Geburtstage nie gefeiert wurden, gab ich ihm als Weihnachtsgeschenk zwei Taschentücher, die ich rundum mit einem Spruch bestickt hatte. Es zählte ja nicht der Wert, nur die Liebe, die ich mit hineingewoben hatte. Er steckte mir manchmal eine Tafel Schokolade zu und kaufte mir Birkenhaarwasser, weil er, wie er behauptete, den Duft meiner Haare so liebte.

Am 27. Dezember feierte er seinen Namenstag. Zu diesem Fest wollte ich ihm einen Kuchen backen. Außer Keksen, die meine Schwester und ich schon als Schulkinder fabrizieren mußten, hatte ich nicht viel Erfahrung mit dem Backen. Daß er Süßes und besonders Kuchen gerne aß, wußte ich, und darum wollte ich ihm diese Freude machen. Ich hielt mich zwar an die Zutaten im Rezept, nur bei der Zuckermenge war ich nicht ganz überzeugt, ob die wohl reichte. So gab ich nach eigenem Gutdünken noch einen Teil dazu, und der Kuchen geriet süßer als unsere Liebe. Ich schämte mich für mein Versagen, aber er hat es mir sicher verziehen. Ich war ja noch nicht einmal 16 und würde es schon noch lernen.

Der zweite Sommer unserer Liebesromanze ging zu Ende, als plötzlich ein folgenschweres Gerücht auftauchte. Es sprang mich an wie ein Ungeheuer. Mein Herz durchfuhr ein Messerstich, ich war momentan wie gelähmt.

„De Hotzin heirat wieda!" So wußten die Leute zu erzählen, und wer der Auserwählte war, ließ sich leicht erraten. Ich glaubte es nicht, wollte es nicht glauben. Die Leute reden viel, wenn der Tag lang ist. Das durfte, das konnte doch nicht wahr sein, und dabei wußte ich doch, daß an der Tatsache nicht mehr zu rütteln war. Ich brachte es nicht fertig, mit „ihm" darüber zu reden, instinktiv gingen wir uns aus dem Weg. In dieser Zeit mußte ich mein Gesicht immer wieder mit Wasser kühlen, damit niemand meine verweinten Augen sah. Alle Bitternis einer verlorenen Liebe, die meinerseits für die Ewigkeit geschaffen war, mußte ich in dieser Zeit durchfechten.

Längst wußte ich, daß ich auf der Strecke bleiben mußte, es gab keinen Ausweg. Es gab auch keinen Schuldigen, den ich dafür verantwortlich hätte machen können. Es war wie eine Fügung von oben, die ich zu akzeptieren hatte.

Wir Kinder waren wohl alle noch nicht erwachsen genug, um begreifen zu können, daß Mutter mit 39 Jahren noch viel zu jung war für ein Witwendasein. Auch dachte niemand daran, wie sie die ganze Last, die auf ihren Schultern lag, die ganze Verantwortung für den Hof allein bewältigen sollte. Seit Vaters Tod war nicht ein einziges Mal die Rede davon gewesen, daß Mutter noch einmal heiraten könnte. Und ihre Bemerkung, daß „er ihr nicht zu alt für mich" wäre, war wohl nur so hingesagt, um dem Angebot mehr Gewicht zu verleihen. Hätte Mutter das wirklich ernst gemeint, hätte sie uns wohl besser beobachtet und daraus ihre Schlüsse ziehen müssen.

Er war ja der passende Bauer! Es gab niemanden, der ihn abgelehnt hätte, und ich war klug genug zu wissen, daß ich dem nicht im Wege stehen durfte. Das Schlimmste war, daß ich auf mich allein gestellt war. Ich konnte mich niemandem anvertrauen, und „er", den ich jetzt am notwendigsten gebraucht hätte, konnte und durfte mir nicht helfen.

Eine bittere Entdeckung, wie wenig ich beachtet wurde, mußte ich ebenfalls machen, denn im ganzen Haus fiel niemandem außer ihm, weder Mutter noch den Geschwistern, meine Verzweiflung und Niedergeschlagenheit auf. Ich wußte zwar, daß das letzte Wort in dieser Sache noch nicht gesprochen war, denn das hatte ich. Nie würde er seine Entscheidung über meinen Kopf hinweg treffen, aber vor diesem Augenblick hatte ich Angst.

Als er dann vor mir stand, meine Hände hielt, mir in die Augen sah und auf meine Antwort wartete, kämpfte ich mit den Tränen und wollte doch tapfer sein. Diesen Augenblick kann ich nie vergessen. Mir war, als würde ich mein Todesurteil unterschreiben. Lang sah ich stumm an ihm vorbei, dann hörte ich mich sagen, tonlos und langsam, es war nicht meine Stimme: „Du muaßt de Muatta heiratn!" Dann lief ich weg. Ich hätte schreien, toben, alles zerschlagen können. Warum ich? Was hab' ich getan? Warum werde ich so bestraft? Ich flüchtete in einen dunklen Winkel und weinte mir erst mal die Augen aus dem Kopf. Aber mir war auch klar: Hätte ich nein gesagt, wäre ich meines Glücks im Leben auch nicht froh geworden. Es war ein Teufelskreis, dem ich kaum gewachsen war, und ich durfte mich nicht verraten. Wie sollte ich das alles verkraften? Alles mußte ich mir nur allein ausfechten. Trostlos lag die Zukunft vor mir. Ich war abgestürzt, vom höchsten Glück in die tiefste Finsternis. Meine Liebe war mit glühender Schrift in mein Herz eingraviert, das ließ sich nicht so einfach ausradieren.

Das spielte sich Ende Oktober ab. Wann sie das Aufgebot bestellten, weiß ich nicht – ich wollte von allem nichts mitbekommen.

Vor der Trauung mußte noch die Almhütte gebaut werden, es war schon Spätherbst und daher höchste Zeit. Wenn ich nicht irre, wurde diese Arbeit in der ersten Novemberwoche in Angriff genommen. Es waren sieben oder acht Mann, die Knechte eingeschlossen; ein gelernter Zimmermann war natürlich auch dabei. Mutter ging selbst auf die Alm, um die Männer zu bekochen. Quartier bezogen sie in der Hütte unseres Nachbarn, die auch ziemlich neu war, zwar noch mit offener Herdstelle, aber mit einer beheizbaren Stube. Die alte Hatzenhütte, die ohnehin am Zusammenfallen war, wurde abgerissen und die neue auf ihren Platz gestellt.

Im Frühjahr war schon das Bauholz geschlägert worden, im Sommer hatte man eine bewegliche Säge hinauftransportiert und zehn Minuten von dem Hüttendorf entfernt aufgestellt. Meine Ziehschwester Rosi war damals Sennerin und mußte den halben Sommer lang die beiden Säger verpflegen. Sie hatten diesen Sommer noch für eine zweite Almhütte da droben das Holz zu schneiden, die Gelegenheit wurde ausgenützt. Einer der beiden Säger, bei uns war er einfach der „Nantl", war ein ausgezeichneter Ziehharmonikaspieler und ein ebensoguter Sänger. Daß es da auf der Alm oft recht lustig zuging, kann sich wohl jeder vorstellen.

Die Arbeit auf der Alm dauerte eine gute Woche. Mein Bruder kann sich noch daran erinnern, daß sie die Arbeit wegen starken Schneefalls einmal unterbrechen und dann noch einmal hinauf mußten, um den Rohbau zu vollenden. Ganz fertiggestellt wurde die Hütte erst im Frühjahr.

Bald nach dieser Arbeit wurde geheiratet. Den Tag und das Datum hab' ich mir nicht gemerkt. Es war nur eine stille Trauung mit zwei Zeugen. Ob jemand vom Haus bei der Trauung dabei war, kann ich auch nicht sagen; ich ganz bestimmt nicht. Wie mir an diesem Tag zumute war, kann ich nicht beschreiben. Ruhelos irrte ich umher. Ich hatte keine Kontrolle mehr über mich. Ich konnte meine Tränen nicht mehr zurückhalten, und Schwester Rosi hat es leider bemerkt, wie mir das Wasser übers Gesicht lief. Sie sah mich nur ganz verwundert an. Einmal hab ich gehört, wie sie ihre Entdeckung jemandem erzählte – sie konnte sich keinen Reim darauf machen.

Auch am nächsten Tag ging's mir nicht besser. Ich hatte mich einfach nicht mehr in der Gewalt, konnte den Tränenstrom nicht stoppen, und ausgerechnet Mutter mußte mich dabei überraschen. Als ich ihr auf ihre Fragen die Antwort schuldig blieb, murmelte sie etwas von Verantwortung und Nicht-verstanden-Werden und noch einiges. Es tat mir leid, Mutter gekränkt zu haben, aber ich war gleichzeitig froh, daß sie keinen Verdacht geschöpft hatte.

Das Leben mußte weitergehen. Die Tränen versiegten nur langsam und machten einer tiefen Traurigkeit Platz. Das Lachen und Singen hatte ich verlernt, aber meine ganze Liebe schenkte ich jetzt den Tieren. Mein neuer Stiefvater versuchte mich zu trösten: Er meinte, daß ich ihn bald vergessen würde und daß ein Jüngerer kommen würde, der besser zu mir paßt. Aber in diesem Fall irrte er gewaltig. Manchmal nahm er mich auch in den Arm und küßte mir die Tränen fort, und ich hatte nicht einmal Gewissensbisse dabei. Es war Balsam für mein verwundetes Herz.

Zeit heilt zwar die Wunden, aber die Narben bleiben zurück. Es wäre für mich viel leichter gewesen, wenn ich fortgegangen wäre. Immer neben dem geliebten Menschen herzuleben, das hielt doch der stärkste Charakter nicht aus. Ich überlegte auch viele Möglichkeiten, von daheim wegzukommen, aber ich fand keine Lösung. Lange trug ich mich mit dem Gedanken, in die Schweiz zu gehen, aber wie hätte ich Mutter meine Absicht erklären sollen? Auf eine fadenscheinige Erklärung wäre sie nicht hereingefallen, wo sie doch so lang darauf gewartet hatte, endlich eigene Arbeitskräfte zu haben. Eher hätte sie es verstanden, wenn ich in ein Kloster gegangen wäre, aber dazu fühlte ich mich nicht berufen.

Vielleicht war auch Feigheit dabei? Wenn ich überlegte: mit dem gebrochenen Herzen und dem Heimweh, dazu so weit weg von zu Hause – ob ich das nervlich durchgestanden hätte? Sterben, ja sterben wollte ich – aber wie anstellen, wenn man kerngesund ist außer dem seelischen Kummer? Sterben ja, aber zu Hause. Absichtlich setzte ich mich einmal einem Regenguß aus, daß ich bis auf die Haut naß war – ob ich eine Lungenentzündung bekam? Nichts geschah, der Tod wollte mich nicht.

Es dauerte zwei Jahre, daß ich mich aus der Umklammerung dieser Liebe halbwegs befreien konnte. Es tat nicht mehr so weh, aber darüber hinweg war ich noch lange nicht.

Barbara Passrugger

Barbara Passrugger, geboren 1910 in Filzmoos/Salzburg; aufgewachsen bei Zieheltern, da ihre Mutter unmittelbar nach der Geburt starb. Aus einer Bauernfamilie stammend, arbeitete sie als Dientsmagd und Sennerin auf Bauernhöfen ihrer Verwandten. Sie hat ihre Lebenserinnerungen in zahlreichen Büchern festgehalten und lebte bis zu ihrem Tod in Filzmoos.

Vom Schicksal, ein Ziehkind zu sein

Durch den tragischen Umstand, daß Barbaras Mutter neun Tage nach ihrer Geburt verstarb, wurde sie Ziehkind. Das war früher kein seltenes Schicksal. Bei Mägden war es üblich, ein illegitimes Kind gegen Bezahlung bei anderen – meist bei Verwandten – versorgen zu lassen. Neben der schweren Arbeit konnte man sich nicht um die Kinder kümmern. Die Bäuerinnen hatten zudem ein Wort mitzureden, ob das Kind bei der Mutter blieb, und die sahen das in der Regel nicht gern. Kam es zu einer Verehelichung der Mutter, wurde das Kind oft in den neu gegründeten Haushalt geholt.

Im bäuerlichen Milieu, wo weibliche Dienstboten oder Geschwister da waren, die sich um das Kind kümmern konnten, war es aber nicht unbedingt üblich, ein Kind wegzugeben. Als Barbaras Ziehschwester ein uneheliches Kind bekam, blieb es im Haushalt der Ziehmutter und lebte später nach der Verehelichung bei den Eltern. Barbara selbst hat es mit ihrem ältesten Sohn dann auch so gehalten.

Sehr arme Eltern waren gezwungen, Kinder wegzugeben, damit ein Esser weniger im Haus war. Ziehkind zu sein war also eher ein Unterschichtenschicksal. Bei Barbara war das anders. Sie hatte einen wohlhabenden Vater. Es handelte sich nicht um ein illegitimes Kind. Barbaras ältere Schwester Anna aber war, als die Mutter starb, noch zu jung, um für den Säugling zu sorgen. Die Großmutter, für die die Übernahme des Arbeitsbereiches ihrer verstorbenen Tochter schon eine hohe Leistungsanforderung darstellte, konnte nicht auch noch das Kleinkind versorgen.

Barbara wurde nicht auf den Elternhof zurückgeholt, als sie nicht mehr beaufsichtigt werden mußte und keine Last für die Arbeitenden darstellte. Auch hat der Vater der Oberhofbäuerin, ihrer Ziehmutter, keinen Unterhalt gezahlt. Sie mußte aus diesem Grund später, als sie zur vollen Arbeitskraft herangewachsen war, „abdienen", also auf Abmachung ihres Vaters mit der Ziehmutter ohne Lohn für Kost und Kleidung arbeiten.

Die Ziehmutter war für Barbaras Familie keine Fremde. Der Bruder von Barbaras Großmutter, der mit drei Geschwistern aus Seekirchen nach Filzmoos zugewandert war, war „Moaknecht" auf dem Oberhof gewesen. Der Oberhof, das Gut der Ziehmutter, hatte durch Jahrhunderte der Familie Hofer gehört, aus der auch Barbaras Vater stammte. Maria Salchegger, die Ziehmutter, war selbst Ziehkind auf dem Oberhof gewesen. Die Oberhofbäuerin hatte keine leiblichen Kinder gehabt, und in einem solchen Fall war die Annahme eines Kindes – meist aus der eigenen Verwandtschaft – auch im bäuerlichen Milieu keine Seltenheit. Die Beweggründe Maria Salcheggers, die kleine Barbara in die Familie aufzunehmen, waren allerdings andere, da sie ja selbst zehn eigene Kinder hatte. Sie wollte eine verstorbene Tochter gleichen Namens „ersetzen". Das war zur damaligen Zeit nicht selten der Fall.

Die Ziehmutter war 48 Jahre alt und Witwe, als Barbara auf den Oberhof kam. Für sie wird es als Frau gewiß von Bedeutung gewesen sein, noch einmal ein Kind großzuziehen. Anders als bei ihren eigenen Kindern hatte sie, entlastet durch die erwachsenen Töchter, vor allem aber weil Barbara das einzige zu versorgende Kind war, mehr Zeit für sie. Barbara durfte bei ihr im Ehebett schlafen. Bald nahm sie sie in die Kirche und auch bei anderen Gelegenheiten mit, so daß die Ziehgeschwistern so erinnert sich Barbara heute, fast ein wenig eifersüchtig waren.

Barbara hatte sieben Ziehgeschwister (drei der zehn Kinder Maria Salcheggers waren früh verstorben) und sieben leibliche Geschwister. In der Kindheit standen ihr die Ziehgeschwister, mit denen sie zusammenlebte, trotz des relativ großen Altersunterschieds persönlich näher als die wirklichen. Merkmale liebevoller geschwisterlicher Beziehung lassen sich aus den Erzählungen über ihre Spielsachen und über das Samführen herauslesen.

Zu den leiblichen Geschwistern hatte sie auch während der Kindheit Kontakt. Die beiden Höfe waren ja nicht weit voneinander entfernt. Später, als Barbara wieder auf dem väterlichen Gut lebte, glich sich das Zusammengehörigkeitsgefühl gegenüber den Ziehgeschwistern und den leiblichen Geschwistern völlig aus.

Was mir angeschafft wurde, mußte ich machen

W as waren nun meine Aufgaben im Rahmen der Arbeit am Hof? Morgens war das Frühstück herzurichten. Im Winter, wenn die Männer mit dem Holzfuhrwerk unterwegs waren, mußte ich es schon vor vier Uhr machen. Danach blieb bis zum zweiten Frühstück für die am Hof Bleibenden freie Zeit, da hab' ich dann halt mit dem Flachsspinnen begonnen. Dabei bin ich manchmal eingeschlafen. Dann mußte ich mit meiner Ziehschwester das Vieh zur Tränke treiben. Danach wurde die Milch zentrifugiert, das Milchgeschirr gewaschen, die Butter gerührt. Anschließend mußte ich für alle das Mittagessen kochen, so um elf Uhr mußte es fertig sein, und am Nachmittag war's zum Spinnen und Jausenkochen bis vier Uhr. Bei der Stallarbeit mußte ich mit meiner Ziehschwester gemeinsam das Futter herrichten, die Streu hineintragen, das Vieh tränken; danach das Abendessen zubereiten. Diese Arbeiten fielen tagtäglich an, ob es Wochentag oder Sonntag war, machte da keinen Unterschied. Es änderte sich nur durch den Almauftrieb des Viehs etwas.

In der Zeit, die zwischen den Koch- und Stallarbeiten verblieb, mußte ich die nach Jahreszeit anfallenden Arbeiten verrichten. Das war, wie gesagt, im Winter das Spinnen und das Herrichten des Gesponnenen für den Weber.

Zu Frühlingsbeginn – die Schneeschmelze erfolgt bei uns in Filzmoos später als sonstwo – ging es zuerst einmal mit dem Brennholzherrichten los. So zirka vier bis fünf Meter lange, verwachsene oder angefaulte Baumstämme wurden von den Männern entweder mit dem Handziehschlitten oder mit dem Pferdefuhrwerk zum Haus gebracht. Mit der Handsäge (Zugsäge) wurden sie zu zirka 30 Zentimeter langen Stöcken abgeschnitten. Zu dieser Arbeit mußten zwei Leute sein, für gewöhnlich zwei Männer. Fehlte einer, mußte ich ihn ersetzen. Da gab es Schwielen und schmerzende Hände. Die abgesägten Stöcke wurden dann gekloben zu kleinen Scheiteln, und diese wurden in einer luftdurchzügigen Holzhütte aufgezäunt zu ganz hohen Stapeln: einer nach dem anderen.

Dann kam das Mistausstreuen. Eine von mir sehr gefürchtete Arbeit. Durch die etwas gebückte Haltung, die man dabei einnehmen mußte, bekam ich fürchterliche Kreuzschmerzen. An solchen Tagen ging ich herum wie eine alte, gebückte Frau. Man durfte nicht klagen, sonst wurde gesagt, man sei nur zu faul zum Arbeiten. Ich konnte in der Nacht nicht schlafen wegen der Schmerzen und hab' oft ganz still geweint.

Es ging weiter mit dem Umackern. Diese Arbeit war mir wesentlich lieber. Ich mußte mit Ochsen oder Kühen, die den Pflug zogen, fahren. Die waren zwar manchmal auch recht störrisch, überhaupt wenn es jüngere oder weniger gelehrige Tiere waren, aber ich konnte bei dieser Arbeit aufrecht gehen und hatte keine Kreuzschmerzen. Jetzt ackert kein Bauer mehr um. Früher wurde angesät: Winterroggen, Sommerroggen, Winterweizen, Hafer, Gerste und Flachs. Jetzt baut man sich nicht einmal mehr Kartoffeln an.

Es kamen dann die Zaunarbeiten. Die Zäune mußten repariert oder auch neu gemacht werden, je nach dem Schneereichtum im vorangegangenen Winter. Ich mußte oft als Mannersatz mitarbeiten. Bei Stangenzäunen mußten schwere, lange Stangen vom Wald hergezogen werden, anderes Zaunzeug mußte hin- und hergeschleppt werden. Ich war davon oft zum Umfallen müde.

Die Maulwurfshaufen mußten geebnet werden; die Steine auf den Feldern aufgeklaubt und weggetragen werden, oft 100 bis 150 Meter weit! Auf den Feldern, die umgeackert wurden, gab es jedesmal sehr viele Steine.

All diese Arbeiten – Umackern, Mist ausstreuen, Steine zusammenklauben, Erdenhaufen angleichen und noch andere – waren im Frühjahr zu erledigen, hießen die Laßarbeiten, fielen alle zur selben Zeit an und waren deshalb für alle anstrengend.

War die Laßarbeit am Heimgut beendet, kam gleich die Almarbeit dran. Da ging's wieder von neuem los. Die sehr langen Grenzzäune dort waren herzurichten, was zeitaufwendig und oft mit harter Arbeit verbunden war. Auch die Kuhfladen vom vorherigen Sommer mußten zerteilt werden. Hütten und Stalldächer mußten repariert werden. In der Hütte mußte man alles saubermachen, damit Anfang Juni beim Almauftrieb alles in Ordnung war. Ich war gerade 18 Jahre alt – oder jung –, als ich mit allem Drum und Dran als Sennerin auf die Alm mußte. Meine Ziehschwester, die Sennerin war, wurde krank, und da gab's keine Widerrede. Was mir angeschafft wurde, mußte ich machen. Die Sennereiarbeit mußte ich schon während der Schulzeit lernen.

Ich erinnere mich noch heute genau, wie viele Tiere – eigene und Annehmvieh von anderen Bauern – ich damals zu versorgen hatte. Es waren 52. Die Milch der Kühe mußte ich zu Butter und Käse verarbeiten. Ich war ganz allein da oben. Ganz nahe der Hütte stand zur damaligen Zeit ein dichter Hochwald. Zwei Nachbarshütten gab es, zirka 15 Minuten entfernt. Um zwei Uhr früh mußte ich zum Almboden hinauf – eineinhalb Stunden Wegzeit –,

um die Kühe zum Melken zu holen. Das einzuhalten wurde mir ganz streng aufgetragen. Darum getraute ich mich gar nicht mehr, richtig zu schlafen. Immer wieder schaute ich auf eine alte Männeruhr. Wußte gar nicht, wie ich das anstellen soll, weil ich Zündhölzer auch nicht so viele verbrauchen durfte. Nach einigen Wochen besuchte mich mein Bruder Stefan. Dem klagte ich meine Sorgen ums Aufstehen. Zu meiner Freude brachte mir Stefan ganz bald einen Wecker. Den konnte ich stellen, und ich brauchte mich nicht mehr so sehr sorgen.

Nach dieser möglichen Verwendung beim Vieh auf der Alm kam im Lauf der jahreszeitlich anfallenden Aufgaben, wie schon gesagt, die Heumahd Ende Juni. Gleich nach dem Ausschulen, als ich bei dieser Arbeit das erstemal mitmachen mußte, war ich morgens oft schon so müde, daß mir vorkam, ich könnte abends gar nicht müder sein.

Da war das Mähen – das mußte ich zwar auch lernen, aber ich mußte nicht richtig mitmähen, denn meine Hauptaufgabe war das Anstreuen. Dann mußte ich Fudertreten und später hintennach alles mit dem schweren großen Eisenrechen von eineinhalb Meter Breite saubermachen. Das war keine leichte Arbeit!

Mein Leben im Tal war ganz anders

Das Wohnen im Ort war ganz anders als oben auf dem Berg. Einerseits die enge Wohnung, denn man ist dort ein wenig eingeengt. Man kann natürlich jederzeit ins Freie gehen, aber in der Wohnung selbst konnte ich mich doch nicht so frei bewegen wie auf dem Bauernhof.

Die Wohnung hat in meinem Leben einen neuen Anfang gesetzt. Es war das erste Mal in meinem Leben, daß ich überhaupt in einer Wohnung lebte. Und das war eine richtige Umstellung für mich.

Manche ältere Leute sagen, daß sie so eine Umstellung nicht überstehen würden. Aber für mich hat das nach ersten Problemen nur noch mehr Freiheiten und Freude gebracht.

Die erste Wohnung war mitten im Dorf und soweit ganz nett, aber zu klein. Ich habe mich immer im Dorf umgeschaut um eine größere Wohnung. Da hat es sich ergeben, daß das Salzburger Siedlungswerk in Filzmoos neue Häuser baute. Zuerst war beim Oberhof eine neue Siedlung, da habe ich mich zu spät angemeldet. Dann wurde ich benachrichtigt, daß weitere Wohnungen in der Hachau entstehen würden. Hier habe ich dann meine jetzige Wohnung bekommen.

Meine Wohnung befindet sich in einem zweistöckigen Gebäude am Rande der Ortschaft, im Ortsteil Hachau. Hier leben mehrere Familien, vor allem junge Ehepaare mit Kindern oder alleinerziehende Frauen. Ich bin die einzige ältere Mitbewohnerin. Ich fühle mich aber ganz wohl hier. Vor dem Haus ist eine Wiese, und die Entfernung zur Straße nach Hachau und Ramsau beträgt rund hundert Meter. Daneben steht ein zweiter ähnlicher Wohnblock, und in der Nachbarschaft sind die Pension Sonneck und das Privathaus des ehemaligen Hoteliers Webinger. Es ist ganz ruhig und sonnig hier. Ganz besonders gefällt es mir, daß der Wald bis an die Hausgrenze heranreicht und daß die Vögel sich in den nahen Bäumen und auf meinem Fensterbrett tummeln, wo ich ein Vogelhäuschen aufgehängt habe.

Hier wohne ich also jetzt, und es ist wunderschön. Die Sonne scheint herein. Zwar geht mir der direkte Blick auf die Berge ab, aber auf der gegenüberliegenden Seite ist ein Wald, Hoferegg heißt der Teil, und hinter dem Haus beginnt auch gleich der Wald.

Wenn ich Sehnsucht auf einen Blick auf meine Berge habe, dann muß ich zehn Minuten ins Dorf hineingehen, dann sehe ich die Bischofsmütze, weiter rechts den Dachstein, und das beruhigt mich schon wieder. Und da sage ich mir immer wieder: „Ich habe es recht schön hier, ich habe meinen Kleiderkasten mitnehmen können und andere Gegenstände vom Hof, so eine Kredenz, den Kommodkasten, den Glaskasten und eben meinen Lieblingskasten." Das sind Andenken an früher, ein Stück Heimat, ein Stück von meinem Bruder, der den Kleiderkasten in vielen Stunden Handarbeit selbst gefertigt hat.

Der selbstgemachte Kleiderkasten steht jetzt in meinem Wohnzimmer, und er enthält alle meine Schätze, die Kleidung, die Wäsche und die Dokumente. Oben am Sims steht mein alter Name „Barbara Hofer", und es erfüllt mich mit Stolz, daß ihn mein Bruder eigenhändig angefertigt hat. Immer wenn ich ihn anschaue, freue ich mich, daß ich damit ein Stück der alten Heimat besitze, an die so viele Erinnerungen und Erfahrungen geknüpft sind. Dann überfällt mich der Gedanke, wie gut es mir doch geht und wie schön ich es hier habe. Dann bin ich wieder zufrieden.

Aber es war anfangs eine arge Umstellung. Eigentlich begann damit ein neues Leben, ein ganz anderes Leben. Früher hatte ich immer die Sorge um den ganzen Bauernhof, um die Viecher, die Felder, die Ernte, das Wetter und so weiter.

Anfangs wollte ich unbedingt meinen alten Küchenherd mitnehmen. Da haben mir alle abgeraten, denn der Herd war für die Wohnung zu groß. Ich kaufte mir einen Elektroherd mit einem Backrohr. Ich konnte in der Wohnung kein Holz lagern, und polizeilich wurde ein Holzofen auch nicht genehmigt. Mein Mattighofener Herd, der so herrlich zum Kochen und Bakken war, paßte nicht in die neue Wohnung. Ich war so an das Einheizen mit meinen Knitteln gewöhnt, an das Knistern im Herd, an das Holzholen vom Wald, so daß mir der Herd anfangs sehr abgegangen ist.

Aber mit der Zeit wurde die Umstellung leichter. Wenn ich jetzt von einer Wanderung oder einer Lesung zurückkomme, dann ist es dank der Heizung schön warm in meiner Wohnung, ohne daß ich selber eingeheizt habe. Das ist auch bequem. Früher mußte ich zuerst einmal Späne machen, das Holz herräumen, die Asche ausleeren und den Ruß und Staub wegputzen. Anfangs wollte ich ohne den Herd gar nicht bleiben, aber dann habe ich das eingesehen, und jetzt verschmerze ich den Herd.

Am Haidegg sind noch viele eigene Sachen, die ich noch holen werde, so der Herd, eine Eckbank, ein Gartenhaus. In das Gartenhaus gehe ich noch gerne. Es steht neben dem Bauernhof. Da habe ich einen Diwan, einen windgeschützten Sitzplatz an der Sonne. Im Sommer habe ich anfangs manchmal in diesem Gartenhaus geschlafen. Wenn ich heute hinaufkomme, ist das noch richtig meine Heimat, mein angestammtes Platzerl. Bei Schönwetter fällt mir dann das Hinuntergehen schon schwer.

Wenn das Schicksal käme und mein Bub sagen würde: „Mama komm auffa!", da würde ich es schwer überstehen, nein zu sagen.

Wenn ich jetzt wieder oben auf dem Berg wohnen würde, da wäre wieder alles viel beschwerlicher. Allein das Hinauf- und Hinuntergehen vom Berg in den Ort wäre mühsam. Und da denke ich mir, daß mir das Schicksal doch gut mitgespielt hat, daß ich zu meiner Wohnung gekommen bin.

Und das wird jetzt so bleiben. Das kann man sich nicht aus dem Herzen reißen, im Geist bin ich noch oft oben, denke an das Leben von früher und daran, was wir auf dem Berg alles geleistet haben, was es dort an Kummer und Sorgen gab, auch an finanziellen Sorgen.

Manchmal reißt es mich hin und her zwischen der alten und der neuen Heimat. Und dann denke ich an die Vorteile hier in der Wohnung. Ich kann hingehen, wo ich will und wann ich will, ich kann heimkommen, wann ich will. Ich bin ein ganz freier Mensch, und das ist auch hochzuschätzen.

Oben am Haidegg habe ich meine Küche noch nicht ausgeräumt, denn das ist mein Recht, das einzige, das ich dort oben habe. Obwohl ich es nicht benutze, gebe ich das nicht frei, denn das Wohnrecht ist mir geschrieben, so lange ich lebe. Das bleibt, bis ich die Augen zugedrückt habe. Bis dahin habe ich noch einen Zweig Recht, das Wohnrecht, wenn ich es jetzt auch nicht brauche, ist das mein Recht. Und da hat mein Sohn noch nie darauf angespielt, daß ich das ändern soll. Das weiß er, daß mir das zusteht und geschrieben ist.

Ich weiß von anderen, die viel bessere Übergabebedingungen ausgemacht haben. Die haben ein Deputat mit Lebensmitteln, vollkommene Pflege bei Krankheit, das habe ich nicht. Ich habe aber Vertrauen in meine anderen Kinder, mit denen ich recht zufrieden bin, daß sie das einmal machen werden. Ich sage oft zu meinen Kindern: „Paßt auf, ihr könnt euch das Geld für unwichtige Telefonate sparen, denn wenn mir einmal wirklich etwas passiert, dann werdet ihr schon verständigt!"

In meiner Wohnung hier bin ich jetzt ein freier Mensch. Man hört und sieht von niemandem etwas. Mir taugt das Leben so alleine. Vergangene Weihnachten war ich auf vier Plätzen eingeladen. Aber ich habe zu jedem gesagt: „Ich bin heuer das erste Weihnachten in dieser Wohnung, ich will allein bleiben." Das war so schön. In der Stille habe ich an all die Weihnachten gedacht, die ich seit Kinderzeiten erlebt habe.

Das erste Weihnachtsfest im Tal war ich bei Lutz Maurer 1993 und dann noch 1994 bei ihm eingeladen in Bad Aussee, in sein Haus.

Das dritte Weihnachten im Tal habe ich bei meinem Sohn Franz in Salzburg verbracht, und das letzte Weihnachten wollte ich allein sein. Ich bin ganz allein hier in meiner Wohnung gewesen und habe es genossen, in Frieden zu sein, meinen Erinnerungen nachzuhängen. Ich kehrte innerlich in die Welt von früher zurück. Es war so schön. Ich habe mir einen Glühwein gemacht und wunderbar geschlafen.

Ab und zu gehe ich noch auf das Haidegg. Bei schlechtem Wetter macht es mir auch weniger aus, wenn ich aufs Haidegg gehe. Aber bei schönem Wetter gehe ich den alten Weg, den ich früher immer gern gegangen bin. Und da fühle ich mich immer ein wenig bedrückt, da trauere ich dem Haidegg besonders nach.

Ich war ja von 1946 bis 1993 dort oben. Ich hänge ja besonders daran, weil wir so viel aufbauen mußten, und da bedenkt man alles, was an Kummer, Sorgen und Leid gewesen ist. Und jetzt wäre es im gewissen Sinn so, wenn ich meine Gartenhütte und die Wohnung nicht hätte, wäre ich ja unter freiem Himmel.

Zuerst ist mir schon alles so unmöglich abgegangen, besonders der Ausblick auf die Bischofsmütze. Jetzt ist es so, daß ich mich freue, wenn ich hier von meiner Wohnung aus so weit nach Filzmoos hineinkomme, daß ich die Bischofsmütze und den Dachstein sehe.

Es war am Haidegg so, daß mir auch manchmal was nicht zugesagt hat in der Nacht, daß mich was bedrückt hat – wenn aber in der Früh das Wetter schön war und ich konnte die Bischofsmütze sehen, da verspürte ich Erleichterung. Es war die Zeit auch deshalb schön, weil ich noch klettern konnte, weil vorher, am Ende der 20er und Anfang der 30er Jahre, sind wir ja viel auf die Bischofsmütze und auf alle heimatlichen Berge geklettert.

Die Tiere, der Umgang mit der Natur, die Blumen, der Balkon, der Weg in den Garten, das fehlt mir schon sehr. Die Blumen auf dem Balkon, die konnte ich ja nicht überwintern wegen der Kälte. Ich habe jedes Jahr neue gekauft und viel dafür ausgegeben, weil ich so eine Freude an den schönen Blumen hatte.

Am meisten hat mich der Gedanke geschreckt, daß mein Sohn vorhatte, noch um tausend Schilling mehr an Stromgeld zu verlangen. Denn nach ein paar Monaten hätte er wieder mehr verlangt, ich hätte das auch vielleicht bezahlt, und dann wieder – und am meisten Angst hatte ich vor dem Abschalten des Stroms. Mir hat weniger das Geld weh getan als die Frechheit, daß er mir den Strom jederzeit abdrehen konnte.

Ich habe mir gedacht, daß wir so viel geleistet hatten, und jetzt wurde das gar nicht geschätzt – überhaupt nicht. Wenn ich jetzt auf das Haidegg komme, ist es genauso wie früher, sogar noch mehr, wenn ich auf die Alm komme.

Auf die Alm komme ich viel öfter, weil ich dort Ruhe habe und weil dort keiner hinkommt.

Ich war ja immer Sennerin auf der Alm, und da kommen mir so Gedanken, was haben wir alles beim Aufbau der Hütte geleistet. Beim Mondschein haben wir Sand geführt, in der Nacht, als die Kinder geschlafen haben und nicht an mir hingen, denn sie waren ja doch noch klein. Wenn ich von dem Graben herausgehe, denke ich daran, was wir alles geleistet haben. Soviel Arbeit, das schafft eine Verbundenheit.

Hier in der Wohnung war ja alles fertig, als ich hierherkam. Wenn man sich aber etwas selbst schaffen muß, dazu hat man eine andere Beziehung. Es ist heute noch so, daß ich es oft schwer überwinden muß. Manchmal denke ich mir: „Geh lieber doch nicht aufs Haidegg, dann druckt es nicht so!" Oft kann ich nicht widerstehen, es zieht mich eigentlich hinauf.

Und das war schon immer so, daß ich auf der Alm eine größere Freude hatte als am Haidegg. Und ich habe lange Jahre das mitgemacht, daß ich immer hin- und hergegangen bin. Ich habe die Kühe drüben auf der Alm gehabt, habe die Kühe versorgt, die Milch verarbeitet, bin nach Hause gegangen und habe Heuarbeit gemacht bei schönem Wetter. Bei Schlechtwetter habe ich im Garten gearbeitet, den mein Mann angelegt hat. Da hatten wir Rüben drinnen. Manchmal bin ich naß bis auf die Haut gewesen, und trotzdem bin ich so ohne Umziehen auf die Alm gegangen zu den Kühen.

Diese körperlichen Sachen habe ich leichter ausgehalten als seelische Probleme, sie haben mich mehr bedrückt.

Das Glück habe ich immer wieder, daß ich mir denke: „Was soll ich hadern? Das ist mir auferlegt, das muß ich nehmen, wie es kommt. Da habe ich mehr davon, wenn ich mich abfinde, als wenn ich mich dagegen sträube."

Und das erleichtert mich wieder, und so komme ich darüber weg.

Nachher denke ich mir wieder, wie gut es mir geht, wie wenig ich zu beklagen habe und wie gesund ich für mein Alter bin. Ich habe das große Glück, daß ich in die Natur hingehen kann, wo es mich mein Leben lang seit meiner Kindheit hingezogen hat. Dadurch bin ich hier recht zufrieden und glücklich. Mein Sohn lebt jetzt oben auf dem Hof, nach Filzmoos runter kommt er fast nie. Wenn er im Winter nicht beim Schilift angestellt wäre, käme er nicht unter die Leute. Zum Einkaufen fahren sie auswärts.

Seine Kölner Freundin hat einmal gesagt, die Filzmooser wären „doofe Landeier", und ich habe sie gefragt: „Warum hast du dir so ein doofes Landei genommen?" Sie antwortete: „Meine Maus ist kein doofes Landei."

Sie führt den Haushalt. Ich habe seinen Geschmack gekannt und mir was angetan, daß es ihm schmeckt. Sie hat sich, wie ich noch gekocht habe, schon einiges abgeschaut, so wie Germnudel. Sie hat auch nach Rezepten gekocht. Sie ist um 14 Jahre jünger als er.

An meinem letzten Geburtstag war ich zufällig am Haidegg oben, aber er hat nichts gesagt.

Ein blöder Wunsch von mir wäre es, wenn er eine andere Schwiegertochter brächte, mit der ich mich vertragen würde, da hätte ich eine große Freude. Vielleicht schätzt er mich dann, wenn ich einmal tot bin. Aber davon habe ich dann nichts mehr.

Jemand, der selber keine Kinder hat, kann das vielleicht nicht so verstehen. Mich wundert es, warum sie keine Kinder haben. Es würde mir schon schwerfallen, wenn sie Enkelkinder hätten, und ich müßte sie am Haidegg besuchen. Das ist schon eine sehr bittere Erfahrung für eine Mutter.

Inzwischen habe ich viele andere Welten kennengelernt, bei meinen Lesungen, beim Bergsteigen oder im Urlaub. Dieses Jahr war ich mit meinem ältesten Sohn, Franz, auf Mallorca, das ist eine ganz andere Welt.

Als wir aus dem Flugzeug ausgestiegen sind, habe ich gesehen, daß sich die Palmen im Wind biegen. Ich habe gleich meinen Anorak angezogen und mein Tuch umgebunden, wie ich es von zu Hause gewohnt war. Aber das war ein so warmer Wind, da konnte man sich ausziehen. Das Wetter in den Bergen ist eben ganz anders.

Textnachweis

„Und den Enkeln soll's erzählt werden" (Anna Hartmann). Aus: Anna Hartmann, Erinnerungen einer alten Wienerin. Herausgegeben und mit einer Einleitung versehen von Erika Flemmich (Damit es nicht verlorengeht ..., Band 41), Böhlau 1998, Seite 211

„Das Leben war ein buntes Kaleidoskop" (Karoline „Lotte" Pirker). Aus: Hannes Stekl (Hg.), „Höhere Töchter" und „Söhne aus gutem Haus" (Damit es nicht verlorengeht ..., Band 45), Böhlau 1999, S. 128–144

„Ich war durch meine Berufsausbildung unabhängig geworden" (Henriette „Hertha" Sprung). Aus: Hannes Stekl (Hg.), „Höhere Töchter" und „Söhne aus gutem Haus" (Damit es nicht verlorengeht ..., Band 45), Böhlau 1999, S. 80–88

„Die Freiheit genießen, die ich mir wünschte" (Elise Richter). Aus: Hannes Stekl (Hg.), „Höhere Töchter" und „Söhne aus gutem Haus" (Damit es nicht verlorengeht ..., Band 45), Böhlau 1999, S. 91–110.

„Dirndl, bleib recht brav" (Paula Sperl). Aus: Therese Weber (Hg.), Mägde. Lebenserinnerungen an die Dienstbotenzeit bei Bauern (Damit es nicht verlorengeht ..., Band 5), Böhlau 1985, S. 93–104

„Die Küche und das Kochen" (Anna Hartmann). Aus: Anna Hartmann, Erinnerungen einer alten Wienerin. Herausgegeben und mit einer Einleitung versehen von Erika Flemmich (Damit es nicht verlorengeht ..., Band 41), Böhlau 1998, S. 231–234

„Die strenge Hand der Großmutter" (Anna Hartmann). Aus: Anna Hartmann, Erinnerungen einer alten Wienerin. Herausgegeben und mit einer Einleitung versehen von Erika Flemmich (Damit es nicht verlorengeht ..., Band 41), Böhlau 1998, S. 300–302)

„Ich werde in Dienst gehen ..." (Marie Toth). Aus: Marie Toth, Schwere Zeiten. Aus dem Leben einer Ziegelarbeiterin. Bearbeitet von Michael Hans Salvesberger (Damit es nicht verlorengeht ..., Band 22), Böhlau 1992, S. 62–66

„Das Geld wurde immer wertloser" (Marie Toth). Aus: Marie Toth, Schwere Zeiten. Aus dem Leben einer Ziegelarbeiterin. Bearbeitet von Michael Hans Salvesberger (Damit es nicht verlorengeht ..., Band 22), Böhlau 1992, S. 70–74

„Es war eine furchtbare Zeit" (Marie Toth). Aus: Marie Toth, Schwere Zeiten. Aus dem Leben einer Ziegelarbeiterin. Bearbeitet von Michael Hans Salvesberger (Damit es nicht verlorengeht ..., Band 22), Böhlau 1992, S. 89–95

„Von einer guten Sennerin hing viel ab" (Barbara Waß). Aus: Barbara Waß, Für sie gab es immer nur die Alm... Aus dem Leben einer Sennerin. Mit einem Vorwort von Michael Mitterauer (Damit es nicht verlorengeht ..., Band 16), 2., unveränderte Auflage, Böhlau 1994, S. 27–34 und 85–97

„Vom kleinen Leben am großen Hof" (Maria Schuster). Aus: Maria Schuster, Arbeit gab's das ganze Jahr. Vom Leben auf einem Lungauer Bergbauernhof. Bearbeitet von Günter Müller. Mit einem Nachwort von Maria Papathanassiou (Damit es nicht verlorengeht ..., Band 49), Böhlau 2001, S. 35–47

„Almarbeit" (Maria Schuster). Aus: Maria Schuster, Arbeit gab's das ganze Jahr. Vom Leben auf einem Lungauer Bergbauernhof. Bearbeitet von Günter Müller. Mit einem Nachwort von Maria Papathanassiou (Damit es nicht verlorengeht ..., Band 49), Böhlau 2001, S. 91–97

Ottilie S. Aus: Kreuztragen. Drei Frauenleben (Damit es nicht verlorengeht ..., Band 2), Böhlau 1997, 2. Auflage, S. 105–132

„Von den vielen Kindern blieb nur ich" (Maria Schuster). Aus: Maria Schuster, Auf der Schattseite. Bearbeitet und mit einem Vorwort versehen von Günter Müller (Damit es nicht verlorengeht ..., Band 40), Böhlau 1997, S. 146–153

„Es war schön wie ein wolkenloser Frühlingsmorgen" (Maria Schuster). Aus: Maria Schuster, Auf der Schattseite. Bearbeitet und mit einem Vorwort versehen von Günter Müller (Damit es nicht verlorengeht ..., Band 40), Böhlau 1997, S. 200–211

„Vom Schicksal, ein Ziehkind zu sein" (Barbara Passrugger). Aus: Barbara Passrugger, Hartes Brot. Aus dem Leben einer Bergbäuerin. Bearbeitet und mit einem

Nachwort versehen von Ilse Maderbacher (Damit es nicht verlorengeht..., Band 18), Böhlau 1989, S. 171–173

„Was mir angeschafft wurde, mußte ich machen" (Barbara Passrugger). Aus: Barbara Passrugger, Hartes Brot. Aus dem Leben einer Bergbäuerin. Bearbeitet und mit einem Nachwort versehen von Ilse Maderbacher (Damit es nicht verlorengeht..., Band 18), Böhlau 1989, S. 84–88

„Mein Leben im Tal war ganz anders" (Barbara Passrugger). Aus: Barbara Passrugger, Mein neues Leben. Herausgegeben, bearbeitet und mit einer Einleitung versehen von Therese Weber (Damit es nicht verlorengeht..., Band 43), Böhlau 1998, S. 122–133

„Damit es nicht verloren geht ..."

Eine Auswahl:

ISBN 978-3-205-99405-3

ISBN 978-3-205-98781-9

ISBN 978-3-205-98848-9

ISBN 978-3-205-98633-1

ISBN 978-3-205-98917-2

ISBN 978-3-205-05540-2

ISBN 978-3-205-98183-1

ISBN 978-3-205-05255-5

ISBN 978-3-205-05493-1

www.boehlau.at

Kindheit in alter Zeit
Hg. von Traude
und Wolfgang Fath

2006. 15,5 x 23,5 cm.
191 S. 32 s/w-Abb. Geb.
EUR 19,90
ISBN 978-3-205-77514-0

Eindrucksvolle Erinnerungen an die Kindheit auf dem Land. Die Autorinnen und Autoren gehören einer Generation an, die in ihrer Kindheit vieles erleben musste. Kinder, die sich trotz harter Lebensbedingungen in dieser Welt geborgen fühlten und sie mit hoher Sensibilität wahrgenommen haben. Auf sehr natürliche Weise werden in diesem Buch die Kindheitserlebnisse rund um den bäuerlichen Alltag erzählt und so wieder zum Leben erweckt. Die Kinder von damals wuchsen von klein auf in noch gelebtes Brauchtum hinein. Die dörfliche Idylle scheint noch unangetastet, aber das Leben auf dem Land war – auch für Kinder – nicht immer unbeschwert. Wie schwer es in dieser Zeit oft war, die Familien zusammenzuhalten – oft fehlte schon in jungen Jahren ein Elternteil –, wie ärmlich es aus heutiger Sicht in manchen Familien zuging, aber auch: mit wie wenig die Leute zufrieden waren, das und mehr wird in diesem Buch erzählt. Der Blick zurück richtet sich auf typische Begebenheiten des Alltags in Familie, Freizeit und Schule. Es wird an eine reiche Erlebniswelt ohne Fernsehen und Computer, aber mit Schiefertafeln und Murmeln erinnert. Wer immer schon gern zugehört hat, wenn Eltern oder Großeltern von früher erzählt haben, der sollte sich dieses Buch zulegen ...

WIEN KÖLN WEIMAR

WIESINGERSTRASSE 1, 1010 WIEN, TELEFON (01)330 24 27-0, FAX 330 24 27 320